KB235606

자녀를 성공시키려면

코치가 되라

자녀를 성공시키려면 코치가 되라

지은이 l 다이애나 해스킨스
옮긴이 l 우수명
초판 1쇄 발행 l 2005년 11월 17일
개정판 1쇄 발행 l 2007년 6월 25일
개정판 3쇄 발행 l 2009년 2월 23일

등록번호 l 제129-81-80357호
등록일자 l 2000년 1월 12일
등록처 l 경기도 고양시 일산구 장항동 578-16 나동
발행처 l 아시아코치센터

값 7,500원
ISBN 978-89-956490-2-2

■ 잘못되거나 파손된 책은 구입하신 서점에서 교환해 드립니다.

도서출판 아시아코치센터
주소 l 경기도 고양시 일산구 장항동 578-16 나동
주문 l 영업부 l (일산) 031-905-0434 팩스 031-905-7092
본사 l 편집부 l (강남) 02-538-0409 팩스 02-566-7754
(주)아시아코치센터 l 02-566-7752 팩스 02-566-7754
일원화 공급처 : 북센 l 031-955-6777

코치가 되라

다이애나 해스킨스 지음 | 우수명 옮김

차례

저자 다이애나 해스킨스는 세계적으로 잘 알려진 부모코칭 전문가다. 미국에서 부모를 코칭하는 프로그램을 계발해 수많은 부모코치와 전문코치를 발굴해내고 있다. 나 역시 다이애나의 부모코칭 프로그램으로 훈련을 받으며 차세대 리더를 키우는 꿈을 이뤄가고 있다.

다이애나의 부모코칭 프로그램은 그동안 우리가 생각해 본 적 없는 새로운 관계에 관해 알려주며 새로운 시각을 통해 자녀교육의 최고 권위자가 되도록 도와준다. 다이애나는 이 책의 저자이기 이전에 탁월한 부모이자 최고의 코치로 그 역량을 발휘해 왔다. 이 책은 그녀의 현장 경험을 통해 입증된 가장 효과적인 자녀코칭 방법을 제시한다.

나는 이 책을 한국에서 출판하는 것에 대해 매우 기쁘게 생각한다. 이 책은 자녀를 좋은 리더로 키우고자 애쓰는 한국의 부모들에게 많은 도전과 실질적인 도움을 줄 것이다. 또 쉽게 이해할 수 있어 실생활에서도 유용하게 활용할 수 있다.

저자는 "부모는 아이의 평생의 삶을 돌봐야 하는 의무가 있다"고 말한다. 그리고 "기본적인 관계는 변함이 없지만 아이가 성장함에 따라 부모의 역할도 달라져야 한다"고 말한다. 자녀가 0~6세까지는 교사로서, 7~12세까지는 관리자로서, 그 이후부터는 코치로서 부모 역할을 해야 한다. 그런데 보통 부모들은 두 번째 단계인 관리자의 역할까지는 잘하는데, 자녀가 사춘기에 접어드는 십대 중반부터는 담당해야 할 코치로서의 준비를 하지 못한 채 위기를 맞게 된다. 이런 준비는 이미 자녀가 사춘기에 접어들기 전부터 해야 하지만, 대부분의 부모들은 그렇지 못하기 때문에 문제가 발생하는 것이다.

　다이애나는 코치란 단지 선수를 응원하는 응원단장이 아니라 한 개인이 자신의 잠재력을 마음껏 계발하도록 돕고, 자신이 원하는 일을 성취하도록 지지해 주는 사람이라고 정의한다. 따라서 부모코치는 부모 없이도 자녀가 자신의 인생을 스스로 꾸려나가는 능력을 갖추도록 돕는 것이다.

　이 책을 통해 십대 자녀와의 관계에서 뾰족한 해법을 찾을 수 없었던 많은 부모들이 자녀와의 관계를 새롭게 정리하고 발전시키기를 바란다.

우수명

'사춘기'(adolescant)라는 말은 라틴어 'alere'
에서 파생된 말로서, '기르다'나 '성장시키다'는 뜻이다.

십대

당신은 십대 때 어땠는가? 당신에게도 십대 때 소속감을 느끼고 싶
고 정체성을 발견하며, 다른 사람들에게 인정받고자 하는 강한 욕구가

있었음을 기억하는가? 당신은 자신감 있는 친구들을 보며 "나도 어떻게 하면 저 애들처럼 될 수 있을까?" 하고 부러워했을지도 모른다. 당신이 갈망하던 이 모든 것들은 인간이라면 누구나 고민하는 정체성과 관련이 있다.

그 때 나는 정체성을 찾아 방황하면서 굉장히 외로웠었던 기억이 난다. 아마도 그 덕에 내가 궁극적으로 개인의 능력을 계발하는 공인 코치가 되지 않았나 싶다.

다른 사람들이 미래를 계획하고, 그들의 삶 속에서 더 큰 성취와 의미를 발견하도록 도우면서, 나 자신의 탐구를 촉진하기 위해 코치가 된 것이다. 내 아들 조던이 십대가 되었을 때 코칭 기술을 적용하면, 아들이 자신의 정체성을 찾아가는 '탐색시기' 동안에 느끼게 될 외로움을 현격히 줄일 수 있다고 생각했다. 나는 아들과의 관계를 재정립하고, 그 아이가 이 세상으로 나가는 데 필요한 자신감을 키우도록 도울 수 있었다.

당신의 십대 시절을 생각해 보라. 당신의 부모님들이 인간에 대한 근본적인 자존감과 존엄성을 인정했더라면 당신이 자아 정체성을 찾아 고군분투하는 것이 얼마나 쉬웠겠는가? 이제 그 개념을 당신이 아는 십대들에게 적용해 보자.

부모인 우리가 적극적인 코치 역할까지 감당한다면, 우리의 자녀들은 스스로 자존감을 높이고 자신의 존재와 자신의 일에서 의미를 찾을 수 있게 된다. 이렇게 함으로써 궁극적이고 지속적인 성인 대 성인의 관계를 확립하는 데 필요한 상호 존중과 신뢰의 기초를 마련할 수 있다.

이 일을 이루기 위해서 우리는 먼저 이런 기본적인 관점에서 십대 자녀들에게 접근해야 한다. 즉, 그 아이들은 착하고 우리의 사랑과 존중을 받을 만하고, 우리가 시간을 투자해서 관심받을 만한 가치가 있는 사람이라는 관점에서 접근해야 한다.

새로운 접근방법 찾기

이와 같이 코치 부모라는 개념은 우리 가정에서 발전되었다. 내 아들과 그의 친구들이 사춘기에 접어들었을 때, 나는 그 아이들이 투덜대고 몸을 웅크리며, 내가 아이들에게 말할 때 나를 무시하거나, 말대꾸 하거나, 비판적인 태도를 보이는 등 이전과는 다른 행동을 하는 것을 눈치챘다. 그 모습을 상상해 보라. 나는 그 아이들에게 이렇게 말했다.

"아, 넌 지금 십대이고 사춘기에 접어들었구나!"

어느 날 내 아들이 내게 왜 십대 청소년들에 대해 그런 경멸스런 말을 하는지, 그리고 내가 받아들일 수 없는 행동을 할 때마다 '십대니까 그렇지 뭐' 하면서 비아냥거리는 이유가 뭐냐고 따지듯이 물었다. 그 아이는 내가 자기를 그런 식으로 분류한다고 비난했다.

"엄마도 내가 아는 다른 모든 어른들과 똑같아요. 십대들에 대해 비판적이고 들으려고 하지 않아요."

아이는 말했다.

"엄마는 우리를 모두 변덕스럽고 나쁜 아이들이라고 생각하죠!"

다시 그 아이는 내 속마음을 꼬집어 말했고 나는 더듬거리며 '적당한' 대답을 찾느라 애먹었다. 마침내 나는 실제로 내가 모든 십대들에 대해 편견을 갖고 있음을 발견했다. 또 내 아들이 문제의 본질을 꿰뚫어보았고 그 아이가 옳았음을 깨달았다. 왜 나는 십대가 되는 것을 '나쁘다'는 것과 같은 의미로 받아들이게 되었을까?

나는 십대 청소년들에 대한 나의 편견을 인정했고, 내 아들과 그것에 대해 말해 보기로 결심했다. 나는 아들에게 자신의 생각을 이야기해 보라고 했다. 어느 정도 마음을 열고 대화한 후에, 나는 이 아이가 어른인 내게 자기 나름대로의 방식으로 상대방의 입장에 서 보라는 요구를 하고 있음을 분명히 인식할 수 있었다. 내 아들은 내게 자신과 친구들을 한 무리의 외계인이 아닌 긍정적이고 창조적이며 탐구심이 많고 발전적인 귀한 한 사람으로 봐달라고 요청했다. 내 아들은 어른들이 편견을 갖거나 자신을 무시하지 말고, 자기를 존중하고 자기의 말에 귀를 기울여 주기를 원했다. 또 내가 다른 생각을 하거나 자신을 외면하지 않기를 바랐다. 내가 자기를 긍정적으로 바라보고, 내적으로나 외적으로 변화를 겪는 시기에 줄곧 함께 있어 주기를 원했다.

나는 다른 접근방법을 시도해 보기로 했다. 나는 먼저 그 아이의 현재 모습 그대로를 받아들이고 아이가 처해 있는 상황을 이해하며 존중

14

하기 시작했다. 그렇게 하자 열네 살 된 우리 아이나 다른 십대 청소년들은 자신들이 저지른 잘못 때문에 부모님의 잔소리를 듣지 않아도 이미 충분히 힘들어 하고 있다는 것을 알게 되었다.

나는 다른 용어를 사용하고 그 아이의 '이상한 짓'에 대해 더 이상 따가운 눈초리를 보내지 않았다. 나는 아이의 복잡한 심경과 불안정한 상태를 다른 시각으로 보기 시작했다. 내 시각이 이렇게 달라지자 아이를 대하는 태도도 달라지게 되었다.

내가 아들에게 더 독립적이 되라고 요구할 때마다 과연 나는 부모로서의 역할에 충실한가 하는 생각이 들었다. 나는 아이가 독립하고 싶다는 요구를 할 때 거절하지 않고 들어줄 수 있을까? 나는 불안해하거나 스트레스를 주지 않고 그 아이를 양육하고 지도했던가? 나는 앞으로 6~7년이 지나면 자연스럽게 나아지리라는 기대를 버리고 오히려 적극적이고 긍정적인 태도로 사랑을 가지고 이 아이를 양육해 보기로 마음 먹었다.

이런 새로운 가능성들이 내 마음속에서 솟구쳐 올랐고, 나는 인생이라는 시합에서 아들의 코치가 된 나 자신을 상상해 보았다. 나는 코치가 된 부모 입장에서 나 자신을 바라보기 시작했다.

이와 같이 아들과 새로운 방식의 대화를 나눌 무렵, 나는 한 지방의 고등학교에서 30명의 십대들을 상대로 일대일 코칭을 할 수 있는 기회를 갖게 되었다. 나는 그 아이들에게 대학 진학이나 취업과 관련된 질문들 외에 다음과 같은 질문을 했다.

- 십대 청소년기인 지금 너는 어른들이 무엇을 해 주었으면 하니?
- 너는 부모와 다른 어른들이 어떻게 대해주기를 바라니?
- 너는 미래에 어떻게 살기 원하니?
- 너는 인생의 의미를 발견하려면 무엇을 할 수 있겠니?

나는 십대 청소년들이 이런 질문을 원하고 필요로 한다는 것을 발견했다. 어떤 아이들은 삶에서 충분히 목적을 발견할 수 있다는 말, 즉 기쁨이 넘치고 의미심장한 인생의 행로를 설계할 수 있다는 말만 듣고도 눈물을 글썽거렸다. 어른들이 이런 일을 도울 수 있다고 생각하는지를 묻자 대부분의 아이들은 회의적인 반응이었다. 열여섯 살 난 메리 베

스가 그 질문에 대해 가장 명쾌하게 대답했다.

"우리 사회에서 십대들은 어른들에게 거의 존중받지 못해요. 가게에서 우리는 늘 다른 사람의 감시를 받고, 물건을 훔치는 것은 아닌지 의심 받곤 하죠. 그런 인식을 갖게끔 하는 난폭한 아이들이 있긴 해요. 하지만 어른들이 우리를 묵살해 버리고 우리를 모두 그런 식으로 바라보는 것은 공정하지 못해요. 많은 십대 청소년들이 부모님에게 존중받지 못하기 때문에 버릇없이 굴고 폭력적이 되죠. 부모님이 나를 존중하지 않는데 내가 나 자신을 어떤 사람으로 생각하겠어요? 쓸모없는 사람, 열등한 인간, 존중받을 만한 가치도 없는 사람으로 생각하지 않겠어요? 내 인생에서 중요한 모범이 되는 부모님이 나를 존중하지 않는데, 내가 어떻게 나를 존중할 수 있겠어요? 아무도 현재의 나를 존중하지 않는데, 내가 어떻게 남은 인생을 계획할 수 있어요?"

그 말을 듣고 나는 한층 깊이 나 자신을 돌아보게 되었다.

나는 이 방정식의 다른 쪽을 바라보았다. 즉, 어른들을 바라보았다. 100명 이상의 어른들을 인터뷰하면서 나는 이렇게 물었다. "십대 청소년들을 생각할 때 맨 처음에 떠오르는 말이 무엇인가요?" 대부분의 사람들은 주저하지 않고 이렇게 말했다. 게으름, 무책임, 단정하지 못함, 반항적, 혼란, 적대적, 이기적, 변덕, 고집, 요구, 위험, 냉담, 예측할 수 없는….

모든 어른들이 십대 청소년들을 이렇게 생각했을까? 어른들이 십대들에 대해 이처럼 공통적으로 부정적인 생각을 갖고 있는 데는 틀림없이 이유가 있다. 나는 어른들에게 물었다.

"당신은 십대 청소년들이 무서울 때가 있나요? 그 아이들 때문에 낙심한 적이 있나요? 그리고 그 아이들에게 그걸 알려 주었나요? 당신은 피할 수만 있다면 그 아이들을 피하고 싶은가요?"

이 모든 질문에 대한 대답은 거의 항상 그렇다는 것이었다. 많은 부모들이 자녀가 일단 십대에 접어들게 되면 가족의 중심이 변해 버린다고 이야기를 덧붙였다. 그리고 그들은 당혹스럽고, 지치고, 낙심되며, 슬프고, 절망스럽다고 말했다. 나는 어쨌든 도울 길을 찾아야 한다고 생각했다. 나는 다시 내가 경험했던 일들을 생각했다. 나는 부모와 십대 자녀의 관계에서 중요한 것은 어른인 내가 십대들에 대한 생각을 바꾸어야 하는 것임을 알았다.

그래서 나는 책을 살펴보았다. 나는 기본으로 돌아가서 21년 동안에 있을 아이의 정신적, 신체적 발달에 관해 더 많은 것을 배웠다. 나는 사춘기가 시작되고 몸이 점차 성인이 되어가는 시기에 청소년들의 사고 구조에 중대한 변화가 일어난다는 것을 발견했다. 새로운 지각 능력은 십대 청소년들이 더 복잡한 정신적, 신체적 과제를 수행하게 하고, 새로운 동기로 어떤 일을 하게 한다. 이때는 급속한 발달의 시기이며 새로운 장애물과 기회를 찾아 배우고 실험하는 시기다. 우리가 살고 있는 이 세상과 우리가 살아가는 삶의 구조 속에 이 도전을 더하라. 이때는 십대들이 불확실하게 느껴지는 무서운 시기다. 나는 어디에 전체적인 시나리오를 맞추어야 할 것인지 궁금했다.

나는 내가 십대였을 때 혼자 정체성을 찾아 방황하던 기억을 쭉 떠올리면서 내가 시작했던 곳으로 다시 돌아왔다. 관계하는 것이 불가능해 보이거나 힘들어 보일 때, 어른들은 어떻게 십대들의 삶에 참여할 수 있을까? 다행히도 내가 아는 십대 청소년 한 명이 그 질문에 답을 제공해 주었다.

나는 스물 살 난 고객 스티븐에게 십대 시절을 생각하며 부모와 어른들에게 하고 싶은 말이 있다면 한마디로 요약해서 말해 보라고 했다. 스티브는 간단히 이렇게 말했다.

"그곳에 있어 주세요. 우리를 떠나지 마세요."

나는 그 말뜻을 설명해 달라고 했다. 그는 말했다.

"우리가 어렸을 때 부모님들은 우리를 가까운 친구처럼 여기고 우리와 축구 시합도 하고 점심 도시락도 만들면서 이런 저런 일들을 함께 해 주셨죠. 하지만 우리가 십대가 되면 부모님들은 우리가 혼자 힘으로 모든 것을 할 수 있다고 생각하시고 바쁜 일상으로 물러나셔요. 저는 부모님들께 우리를 떠나지 말라고 말씀드리고 싶어요. 왜냐하면 우리는 여전히 부모님이 필요하거든요."

●

마침내 나는 열쇠를 쥔 사람은 우리 어른들이라는 결론에 도달했다. 만일 십대 청소년들이 묻는다면 어른들은 대답해야 한다. 비록 우리가 '적당한' 대답을 갖고 있지 못하더라도 말이다. 그리고 아이들이 묻지

20

않더라도 우리는 키(helm) 잡고 있어야 한다. 우리는 단지 '부러진 것을 수선'하거나 아이들과 '하루종일 그것을 짜맞추는 것' 이상의 일을 할 수 있다. 우리가 십대 자녀들과 건강한 관계를 형성하려면, 지속적이고 적극적인 사랑의 양육을 통해 그 관계를 계속 유지해야 한다. 우리는 그럴 만한 능력이 있다.

성장기에 있는 십대 청소년들이 냉담하게 굴다가 갑자기 정면으로 맞서는 등의 행동을 하는 것은 그 나이에 걸맞는 행동을 하고 있는 것이다. 그 아이들은 시험하고, 탐구하고, 질문하고, 해결책을 찾아내면서 자기의 일을 하고 있는 것이다. 그리고 그들은 이 모든 것을 하면서 부모나 다른 어른들과의 관계가 끊어지는 것을 원하지 않는다. 단지 그 아이들은 그런 관계를 수정하고 싶을 뿐이고, 이것은 자연스러운 과정이다. 비록 그 아이들이 계속해서 자신의 삶을 영위해 나가야 하더라도 그들은 우리에게 그 과정에 참여해 달라고 크고 분명한 소리로 요구한다.

십대 청소년 코치하기

누가 당신을 코치하거나 멘토했는가? 당신이 어렸을 때 당신의 삶에 변화를 가져다 준 사람이 있는가? 많은 사람들은 매우 특별한 한 어른을 회상한다. 그러나 어떤 사람들은 그런 사람이 없다고 말한다. 당신은 어떤 유산을 남길 것인가? 부모로서 행동하든 아니면 염려하는 어른으로서 행동하든 당신에게는 십대 청소년들이 의미있고 가치있는 삶을 찾도록 안내하는 사람이 될 기회가 있다. 그러면 어떻게 해야 하는가? 이 공식은 복잡한 것 같지만 간단하다. 즉, 우리가 십대 자녀들의 요구에 반응하면 그 아이들도 우리에게 반응할 것이다. 첫 번째 단계는 우리의 문장과 행동, 즉 '나는 무엇을 할까' '나는 어떻게 그 일들을 처리할까' 등의 문장에서 '나'를 제거하고 청소년의 눈으로 사물을 바라보는 것이다. 우리는 그들이 허약하든, 대담하든, 고집이 세든 간에 그들만의 관점을 구별해내야 한다. 그리고 그들의 생각이 아무리 식상하고 절망적이고, 그 당시에는 참으로 황당무계하게 여겨진다 하더라도 그것을 인정해야 한다. 이것은 코치 부모가 해야 할 일이다.

십대들과 함께 일하고 그들의 견해에 귀를 기울이면서, 나는 그들의 삶에서 어른들에게 요구하는 7가지 주제, 즉 7가지 요구사항이 있음을 보았다. 솔직하게 대화를 나누고 계속해서 관계를 맺기 위해 십대 청소년들이 어른들에게 바라는 것은 다음과 같다.

- 우리를 존중해 주세요.
- 우리의 말에 귀를 기울여 주세요.
- 우리의 생각을 이해해 주세요.
- 우리의 개성을 인정해 주세요.
- 사랑과 친절로써 우리를 지원해 주세요.
- 새로운 단계의 책임을 맡겨 주세요.
- 우리의 독립심을 길러 주세요.

이런 각각의 영역을 적극적으로 거론함으로써 부모와 십대의 관계는 막다른 골목이 아니라 양방향 도로가 된다.

이 7가지 요구사항은 코치 부모에게 있어서 접근방법의 기초를 형성한다. 당신은 이 책을 읽으면서 내가 코치하는 것을 따르도록 하라. 그러면 당신은 삶에서 십대를 코칭하는 멋진 사람이 될 것이다. 나는 당신에게 십대들과 함께할 수 있도록 실제적인 방법들을 소개할 것인데 이것은 새로운 습관을 형성해 줄 것이다. 당신은 다양한 배경을 지닌 부모와 청소년들의 이야기를 읽게 될 것이다. 이 이야기는 당신 자신의 상황을 밝혀 주고 당신이 새롭고 유리한 고지로 나아가도록 해 줄 것이다. 당신의 새로운 코칭 전망과 기술을 사용하여 십대 자녀들과의 유대를 형성하고 의사소통을 하도록 기초석을 놓을 수 있다. 이 기초석은 장차 닥칠 피할 수 없는 격동의 시기에 당신과 당신 자녀를 지탱해 줄 것이다. 당신이 코치 부모가 되어 십대 자녀를 양육하고 도와준다면 당신과 자녀의 관계는 이전보다 훨씬 더 원만해질 수 있다.

코치하는 동안 당신과 자녀는 분명 변화를 경험할 것이다. 그러나 코치 부모는 즉효약이 아니며 코칭 방법에 누구에게나 다 들어맞는 정답이 있는 것도 아니다. 본서를 당신의 십대 자녀나 십대 이전의 자녀들과의 관계를 개선하는 데 필요한 도구상자로 사용하라. 이 책의 메모란에 메모하라. 당신에게 유익하든 그렇지 못하든 간에 당신의 발전 상황과 생각을 기록하라. 계속해서 배우고, 배우는 과정에서 발견한 것을 당신의 배우자나 다른 부모들과 공유하라. 그리고 이 세상을 향해 담대하게 말하라!

먼저 1부 "코치 부모가 되는 길"에서는 코치의 역할을 살펴 본다. 십대 청소년들의 행동이 달라지는 이유와, 당신에게 이미 있는 특성과 기술을 함양하는 방법에 대해 배워 보기로 한다.

2부 "자녀를 코치하는 7가지 방법"에서는 새로운 기술을 배워 보기로 한다. 7가지 방법은 각각의 요구와 반응에 대한 것이다. 즉, 십대 자녀의 요구나 필요, 당신의 반응에 대한 자세한 안내로 보면 된다. 나는 당신이 코치로서 역할을 수행하고 개별적인 가족 상황에 맞는 방법을 찾을 수 있도록 연습 과제를 제공할 것이다.

이런 연습을 모두 '마칠 수 있다'고 기대하지 말라. 연습(practice)이란 말은 지속적인 배움과 노력을 의미한다. 그것은 평생 동안 지속되는 일이며 종결이나 완료가 없다. 이 제안들을 당신의 성향에 잘 맞게 조절할 수 있다. 그리고 당신이 목표한 길에 도달할 때까지 계속 시도하라.

3부 "부모들이 궁금해하는 코칭에 관한 질문들"에서는 다른 부모들이 직면하는 상황과 코치 부모에게 어떻게 도움을 줄 수 있는지에 대해 다루게 된다. 이런 질문들 중에는 우리가 잘 아는 것도 있을 것이다!

코치 부모로서 역할을 맡게 되면 당신은 자신의 십대 시절의 소망과 두려움, 시험과 승리를 경험하던 그날들을 회상하게 될 것이다. 당신은 자녀의 삶의 가능성을 함께 연구하고, 자녀가 자신감을 가지고 세상을 살아가며 남을 배려할 줄 아는 사람으로 성장하도록 돕는 길을 선택한 것이다.

다이애나 해스킨스

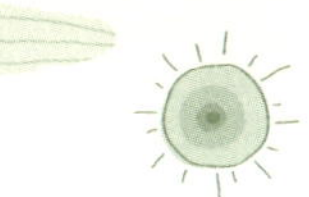

부모님이 저를 존중해 주신다면
저는 부모님의 말에 귀를 기울일 거예요.
부모님이 제 말을 들어주신다면
저는 감사하게 생각할 거에요.
부모님이 저를 이해해 주신다면
저는 부모님께 감사할 거에요.

부모님이 저를 인정해 주신다면
저는 부모님이 저를 지지해 주신다고 생각할 거에요.

제가 새로운 일에 도전할 때 저를 지지해 주신다면
저는 책임감을 갖게 될 거예요.

제가 책임감을 갖게 되면
저는 독립적인 사람이 될 거예요.

제가 독립적인 사람이 된다면
저는 평생 부모님을 존경하고 사랑할 거예요.

감사합니다.

십대 자녀 드림

코치 부모가 되는 길

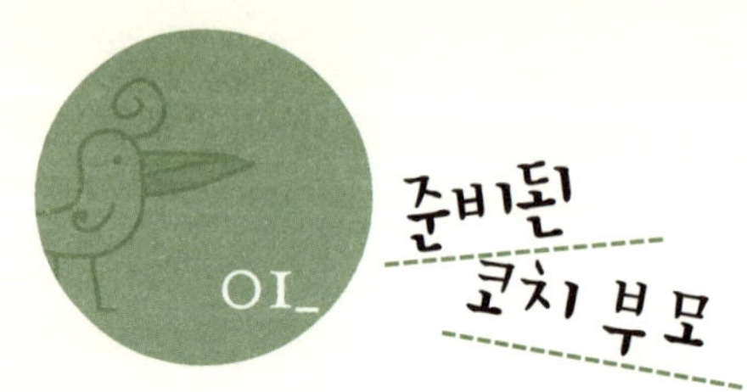

부모는 아이의 평생의 삶을 돌봐야 하는 의무가 있다. 자녀들이 자랄 때 부모로서 우리는 자녀들과 함께 성장하기 위해 무엇을 하는가? 우리는 가만히 있을 수 없다. 기본적인 관계는 변함 없지만, 아이가 성장함에 따라 부모의 역할도 달라져야 한다. 자녀가 출생한 후 처음 20년 동안 당신은 세 가지 부모의 역할을 경험하게 된다.

어린아이의 형성기(대략 0~6세)에 당신의 첫 번째 역할인 '교사 부모'

에 대해 생각해 보자. 당신의 자녀는 정신적으로나 신체적으로 당신에게 의존한다. 당신은 일상적인 활동에서, 즉 음식을 먹이고, 달래 주고, 책을 읽어 주고 그리고 함께 놀아 주면서 많은 시간을 아이와 함께 보낸다. 이 시기는 아이의 요구에 반응하는 표현의 시기이고 양육의 시기다.

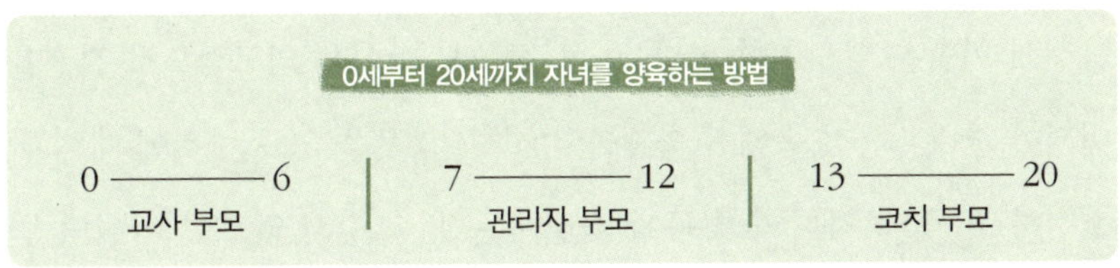

6세부터 7세까지는 '읽기 위한 배움'의 단계에서 '배우기 위한 읽음'의 단계로 정신적 변화가 일어나고, 아이는 스스로 정보를 흡수하기 시작한다. 중간기(대략 7~12세)에 아이들은 여러 활동을 시작하고, 또래 집단을 만들며, 다른 어떤 지원보다도 생일 파티나 자동차를 태워 줄 것을 어른들에게 요구한다. 이때 당신은 교사 부모로서의 역할을 완전히 끝내지 못한 채 관리자 부모로서의 또 다른 역할을 떠맡게 된다. 즉, 그것은 자녀의 스케줄을 관리하고 아이로 하여금 늘어나는 관심사를 탐구할 수 있게 하는 역할이다.

서문에서도 언급한 바와 같이, 십대 초기에 아이의 지적 과정은 새로운 추상적 사고 능력과 더불어 확장된다. 당신의 자녀가 자신의 스케줄을 스스로 관리하고 결정하기 시작할 때, 당신의 관리자 역할은 더 이상 의미가 없게 된다.

그 후에는 무엇을 해야 할까? 자녀와 부모라는 관계는 변함없지만 당신의 역할은 달라져야 한다. 이 시점에서 당신은 의도적으로 결정을 내려야 한다. 즉, 계속해서 숙제를 감시하며, 옷을 고르는 것에 대해 잔소리하고, 십대 자녀의 침묵에 좌절하든가, 그렇지 않으면 아이의 변화를 자연스럽게 받아들이고 코치 부모의 역할을 맡든가 해야 한다.

●

내 아들은 14~15세쯤 되었을 때, 신체적으로나 정서적으로 꽤 많이 성숙해 있었다. 어느 날 저녁 아이의 잠자리를 봐주다가 지난 12년간 해 오던 습관대로 그 아이에게 말했다.

"이 닦는 것 잊지 마라!"

그러자 아이는 간단하게 대답했다.

"엄마, 이제 더 이상 그런 말씀하지 마세요. 그 정도는 제가 알아서 해요."

그때 나는 관리자로서의 부모 역할을 끝냈어야 했지만 그러지 못했다. 다음 단계인 코치 부모 역할에 대해 아는 바가 없었기 때문이다. 나는 잠시 동안 그 상황에 대해 곰곰이 생각했으며, 내가 계속해서 아들의 인생에 개입하고 싶다면 익숙해 있던 관리자와는 다른, 그 아이와 상호 작용할 새로운 길을 찾아야 한다는 것을 깨달았다. 그렇지 않으면 나는 잔소리꾼, 심문자 그리고 심지어 스토커가 될 운명에 놓여 있었다.

나는 또 내 아들이 그런 사소한 일들을 처리할 수 있다는 것을 내가 믿어 주기 원한다는 것도 알게 되었다. 그래야 곧 닥치게 될 더 큰 일들, 즉 통금시간, 운전 혹은 데이트 등과 같은 일에 대해 상의할 만큼 서로 신뢰할 수 있기 때문이다.

그 아이는 내가 더 큰 문제에 대비해 주기를 요구하는 것 같았다. 서로 대화가 통하는 관계를 유지하기 위해서 나의 관계 방법은 바뀌어야 할 것이다. 나중에 나는 이런 일이 나 혼자만 겪는 것이 아님을 깨달았다. 모든 부모들이 이런 변화에 직면하게 된다. 우리가 사춘기를 겪는 십대 자녀들을 멘토하고 안내하고 후원하고자 한다면 양육 방식을 바꿔야 한다. 그들의 변화를 거부하는 것이 아니라 변화해가는 그들을 더욱 효율적으로 돕기 위해 코치 부모가 되어야 한다.

그렇기 때문에 준비해야 한다. 자녀가 사춘기가 되면 당신의 역할도 달라져야 한다. 비록 당신의 자녀 양육 방법이 높은 수준에 도달했다고 생각하더라도 – 자녀의 기본적인 요구가 줄어들었고 아이가 더 많은 책임을 떠맡고 있다 할지라도 – 당신은 방법을 바꿔야 한다는 사실을 발견하게 될 것이다. 그러나 당신은 그럴 준비가 되어 있지 않을 수도 있다. 이런 발달 시기에는 장기적인 관계에 머물면서 당신의 역할을 변화시키도록 하라.

가능한 한 일찍 사춘기에 접어들기 전에 시작하라. 당신 자신의 가치관과 행동을 살펴보라. 그러면 사춘기에 접어들 자녀가 자신의 가치와 행동을 시험할 때 당신은 이미 준비되어 있을 것이다. 그리고 당신은 부모로서 당신 자신이 어떤 태도를 취해야 하는지 알게 될 것이다. 친밀한 유대관계와 임박한 헤어짐이라는 이 복잡한 문제를 조종할 때, 당신은 성장기 자녀의 생활에서 어떤 역활을 하고 싶은지를 생각하고 당신 자신에게 물어보라. "나는 지금 어떻게 양육하려고 하는가? 나는 어디서 도움받을 수 있는가, 그리고 내가 어떤 새로운 것들을 배워야 하는가?"

지금 현재 내 아이의 발달된 모습과 내 모습을 적어 보자.

지금 현재 내 아이의 발달된 모습과 내 모습을 적어 보자.

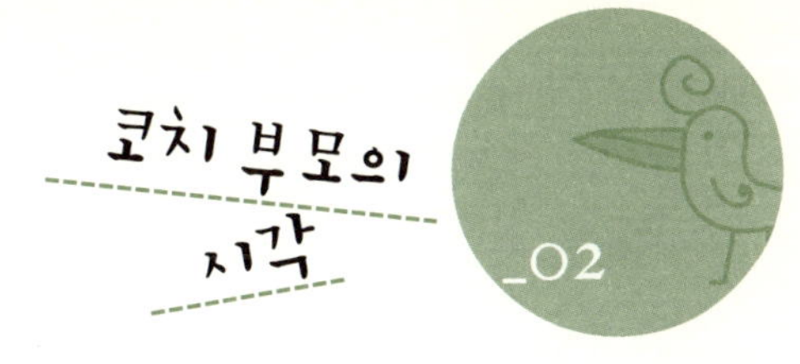

당신과 십대 자녀가 함께 성장할 때, 코치의 역할은 변화의 시기에 있는 십대 자녀와 부모인 당신에게 큰 열매를 가져다 줄 것이다. 이해를 돕기 위해, 단상에서 메달을 받고 있는 올림픽 선수를 상상해 보자. 경기장 바깥쪽에는 코치인 당신이 서 있다. 당신은 젊은 운동선수가 꿈을 이루도록 그를 훈련하고 멘토하고 가르치고 응원하고 외치고 웃었다. 시합에서의 승리는 운동선수의 목표지만 두 사람은 함께 그 목표를 이루기 위해 노력했다.

영광의 순간은 운동선수의 열심과 헌신과 성취로 인한 것이지만, 당신은 젊은 운동선수에게서 탁월한 성과를 불러일으키기 위해 그곳에 함께 있었다. 코칭 관계에서 운동선수는 코치인 당신에게 의존하지 않는 것이 이상적이지만, 계속해서 코치는 선수가 자신감을 가지고 당당하게 스포츠와 인생의 다른 영역들에서 성장해 나갈 수 있도록 도울 수 있다.

이러한 발전이 코치 부모에게도 해당된다. 코치는 단지 응원단장이 아니라 한 개인이 자신의 잠재력을 발휘하도록 돕고, 더 크고 더 나은 일들을 성취하도록 지지해 주는 사람이다. 코치가 없으면 인생의 중요한 일들을 망설이거나 포기하는 사람도 있을 것이다. 코치 부모로서 당신의 일은 십대 자녀를 지지하고, 당신이 물러난 후에도 완전한 인생을 꾸려나가는 능력을 갖추도록 돕는 것이다.

●

그러므로 십대 자녀들을 위해 코치 부모가 정확히 무슨 일을 해야 하는지 알아보자. 먼저 우리는 자녀들에게 그들의 아이디어와 생각이 중요하다는 것을 보여 주어야 한다.

이것은 청소년들이 실제로 생각하고 있는 것들을 깊이 경청하고, 그들의 관심사를 지지해 주며, 그들의 개성을 인정한다는 것을 의미한다. 우리는 자녀들이 높은 자존감을 갖고, 자신의 정체성을 발견하도록 돕는다.

그렇다면 십대 청소년들은 코칭을 통해 어떤 유익을 얻는가? 자신의 생각, 자신의 삶이 중요하다는 것을 알 때 유리한 점은 무엇인가? 그 가능성은 끝이 없다.

건강하고 긍정적인 부모와 십대의 관계를 통해서 십대 자녀들은 다음과 같은 이점을 누리게 된다.

- 인간으로서 자신의 가치를 확인하게 된다.
- 다른 사람을 존중하고 감사의 마음을 나누어 줄 수 있다.
- 다른 사람들의 말을 경청하게 된다.
- 상호 작용을 통해 바람직한 관계를 촉진할 수 있다.
- 가치와 신념을 숙고하고 형성할 수 있다.
- 협상하고 타협할 시기와 방법을 배울 수 있다.

- 다른 사람들에게 관용을 베풀며 자신을 성장시킨다.
- 사회에 필요한 존재임을 느낄 수 있다.
- 인생의 도전을 받아들일 수 있다.

19세 된 마크는 대학생활에서 목적 없이 방황하는 삶을 끝내고 진로를 정하고 싶어서 나를 찾아왔다. 마크는 분명한 것은 머지 않아 대학학위를 받고, 의미없는 직업을 선택하고, 교외에 집을 마련하고, 아내와 아이들과 함께 살게 될 것이라고 말했다. 나는 정말 원하는 것이 그런 것인지 물었고, 마크는 그 질문을 받고 충격을 받은 것 같았다. 마크는 이렇게 물었다.

"선생님의 질문은, 내가 원하는 것이 그런 삶이라는 건가요?"

"하지만 나는 앞으로 그렇게 살 수 밖에 없는 거 아닌가요?"

몇 달 후 우리는 마크가 정말로 하고 싶은 것이 무엇인지 알아냈다. 그러고 나서 마크의 대학과 직장에 대한 계획을 짜기 시작했다. 마크는 위에 언급한 삶이 다른 누군가의 행복에 대한 생각이며, 무엇보다 원하는 것은 자신의 일에서 의미와 만족을 찾는 것이라고 단정지었다. 마크의 목표는 매일 최고의 삶을 살면서, 자신의 삶과 일이 다른 사람들에게 유익이 되도록 공헌하는 것이었다.

코치로서 나는 마크에게 자신의 인생을 설계하는 데 있어서 어떤 선택을 해야 하며, 다른 사람의 프로그램을 맹목적으로 따라서는 안 된다는 것을 가르쳐 주었다. 나는 마크에게 자신의 가치를 찾아내는 방법, 선택하기 위해 선택하는 방법, 자신의 행동에 대해 책임지는 방법을 보여 주었다. 나는 이런 내적인 자원들을 형성하도록 도와주었다. 그래서 마크는 자신의 선택 방안을 찾아내고, 자기에게 중요한 것에 초점을 맞추어 선택할 수 있었다. 코치 부모도 이런 일을 할 수 있다.

전 세계의 십대 청소년들은 자신의 삶에서 의미와 목적을 찾고 싶어 하고 그것을 능동적으로 이루기 원한다. 그들이 그런 삶을 살 만한 가치가 있는 사람이란 것을 깨닫게 해 주는 것이 코치가 해야 할 일이다. 즉, 가치 있는 삶을 살기 위해서 어떻게 헌신해야 하는지 그 방법을 스스로 찾도록 돕는 일이 코치가 해야 할 중요한 일인 것이다.

우리 아이는 미래에 어떻게 살고 싶어하는가?

나는 내 아이의 삶의 목표를 알고 지도하고 있는가?

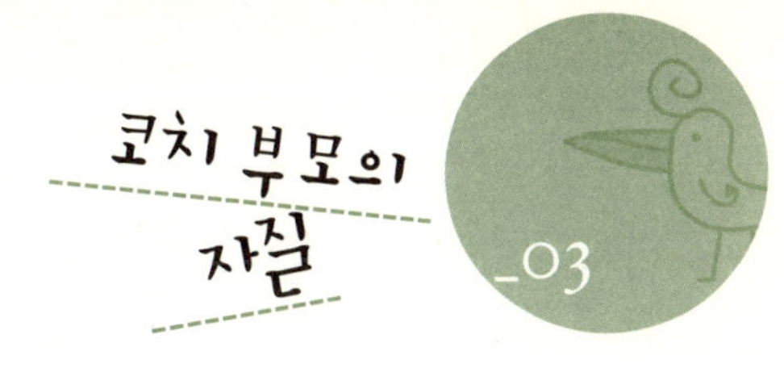

당신은 누구인가? 당신은 자신에 대해 잘 알고 있는가? 코치가 되는 데 있어서 가장 중요한 것은 자신을 아는 것이다. 당신이 정체성을 찾는 십대 청소년들을 돕고 싶다면, 먼저 당신 자신의 삶을 살펴보아야 할 것이다.

당신이 코치 입장에서 십대들에게 더 많은 것을 요구하려면, 당신 자신에게 충실하고 그렇게 하고 있다는 것을 보여 주라. 말한 대로 행동하라.

당신은 이미 어느 정도 코치로서 많은 자질을 지니고 있다. 당신은 이제 그런 자질에 대해 알아야 하고, 그것을 훨씬 더 의도적으로 찾아 내고 사용해야 한다. 당신이 십대들과 함께 새로운 상황에 직면하게 되면 다음과 같이 해야 한다.

> 당신의 기대치에 맞는 기준을 정하고 깊이 생각하라.
>
> 융통성 있고 창조적으로 그 기준을 지지하라.
>
> 참고 인내하면서 큰 그림을 그리라.
>
> 그리고 모든 수준에서 일관성을 보이라.

기준 정하기

당신의 기준은 무엇인가? 당신의 의무는 무엇인가? 당신은 자신이 한 말을 지키는가? 당신은 영적인 시간을 갖거나 평생교육에 투자하는 가? 당신은 재정, 일, 파트너십, 건강 등 모든 분야에서 최고가 되려고 애쓰는가? 이런 것들이 우리가 자녀들을 위해 갖는 인생의 목표라면

44

우리는 그것을 얻기 위해 애써야 한다.

당신의 자녀가 당신을 바라볼 때, 그 아이는 무엇을 보는가? 십대 청소년들은 우리 행동의 의미를 면밀히 조사할 수 있을 정도의 통찰력과 사고 능력을 갖고 있다. 우리의 동기가 불분명하거나 우리가 자신의 성품 중에서 불친절한 면을 경시할지도 모르기 때문에, 십대 자녀들은 끊임없이 해명할 것을 우리에게 요구한다. '왜?' 라는 의문사는 아이들이 즐겨 사용하는 말이다.

당신은 자신이 한 말을 지키는가? 또 당신이 하겠다고 말한 것을 그대로 지켰는지에 대해 십대 자녀에게 책임추궁당한 적이 있는가? 그것은 틀림없이 수치스런 경험이다! 부모인 우리는 자녀에게 칸막이를 높이 세워놓고 있다. 코치로서 우리는 칸막이를 없애고 모범을 보여야 한다는 것을 명심해야 한다.

융통성 있고 창조적인 사람 되기

우리의 기준과 가치들은 허상이 아니다. 우리의 기준을 확고히 지키면서도 변하는 세상에 적응할 줄 알아야 한다. 그리고 더욱 중요한 것은 변하는 십대들에게 적응할 수 있어야 한다는 것이다. 당신은 경험한 적이 있는가? 당신이 전화 다이얼을 다 돌렸다고 생각하는 바로 그 순간 전화가 통화중이거나 아예 끊어진 적이 있는가? 당신은 기본으로 돌아가서 당신 자신과 당신의 방법을 다시 평가해야 한다. 나는 이 멈춤을 십대 자녀들을 양육하는 과정에서의 융통성(Liquid)이라고 부른다.

우리는 또한 새로운 것에 대해 기대하는 마음을 가져야 한다. 모든 십대들은 해마다 성장할 것이다. 그것은 생물학적인 현상이다. 그러므로 그들에게 대처할 수 있는 대안을 준비해 두라. 모든 것은 변할 수 있고 또 변할 것이다. 고등학교 2학년이나 졸업을 앞둔 3학년 학생들은 신입생들과는 입장이 다르기 때문에 대학에 대한 생각 역시 다를 것이다. 부모로서 우리가 할 수 있는 것은 이 기간 동안 융통성을 갖는 것이다.

융통성을 갖게 되면 십대 자녀의 개성을 인정할 수 있다. 나는 쌍둥이 자녀를 둔 한 가정을 알고 있다. 그 쌍둥이들은 현재 둘 다 고등학교에 다니고 있다. 그러나 이 두 명의 십대 아이들은 서로 다른 학교에 다닌다. 그것은 두 아이에게 서로 다른 학습 방식으로 각자 자신의 실력을 발휘할 기회를 주기 위해서다. 그 아이들의 부모는 공부할 때 목표

46

를 정해 주었는데, 부모는 이 아이들의 공부하는 습관이 서로 다르다는 것을 알고 있었다. 그 부모는 각자의 능력에 맞게 공부하는 시기와 방법을 자유롭게 제공하고 있다. 모든 사람에게 목적지가 동일하다 하더라도 그곳에 도달하는 길은 많다는 것을 명심하라.

인내하기

천성적으로 잘 참는 사람이 있는가 하면, 큰 그림을 자신에게 상기시키고 또 상기시키면서 참으려고 부단히 애써야 하는 사람도 있다. 당신이 인내심이 부족하다고 느낄 때, 잠시 멈추고 반성하는 시간을 가지라. 인내는 장기적인 투자다. 소중한 십대 자녀가 장래의 인생을 설계하도록 돕는 것은 시간이 걸리는 일이다!

당신의 자녀들은 인내하는 데 익숙하지 않을 수도 있다. 컴퓨터, 휴대폰, 인터넷 게임 그리고 온라인 쇼핑이 성행하는 요즈음 아이들은 인생의 모든 것이 인터넷 속도로 진행될 거라 믿으며 자랐다.

당신은 자녀와의 관계가 십대를 지나 성인기에 이르기까지 지속되어야 한다는 사실을 명심하라. 인내심을 가지면 당신은 이 기간 동안 당신 자녀와 친밀한 관계를 지속할 수 있을 것이다. 그것이 바로 당신의 노고에 대한 상인 것이다.

십대 자녀가 인터넷 게임과 컴퓨터 속도에 단단히 매어 있는 것처럼 보일지라도, 그 아이는 생물학적 시간 속에서 성장하며 배울 수 있을 뿐이다. 다시 말해, 우리는 신체가 실제로 새로운 정보를 흡수할 수 있을 정도의 속도로만 배우게 된다. 이 놀라운 사실을 인정하라. 그 점을 명심하고 자녀를 향해 인내심을 갖도록 하라.

이 경험을 자전거 타기에 비유해 보자. 당신은 다섯 살 때 자전거를 타자마자 페달을 밟으며 달리기 시작했는가? 그렇지 않았을 것이다. 당신은 계속해서 자전거를 타면서 또 마음 속으로 어떻게 타야지 생각하면서 자전거 타는 법을 하나하나 배워나갔을 것이다. 당신은 넘어졌다가 일어나고 또 넘어졌다가 일어나기를 반복했다. 그렇게 많이 연습한 후에 선수처럼 자전거를 타게 되었다. 당신과 당신의 십대 자녀가 코칭에 대해 새로운 것을 배울 때 당신은 페달을 꾹 밟고, 비록 원하는 만큼의 속도가 바로 나타나지 않더라도 참고 견디면서 바퀴에 몸을 맡겨야 한다.

당신은 이제부터 코치 부모로 이 전의 습관들을 바꿔야 하는데, 코치가 되기 위해서는 참고 견디어야 할 일들이 있다. 이 책에서 앞으로 다루게 될 기술들은 융통성 있게 사용하면 되는데, 당신의 십대 자녀의 개성에 대해서도 마찬가지로 융통성 있게 대처할 수 있다. 십대 자녀의 새로운 관계 방식에 점차 익숙해지도록 하고, 그것이 당신의 전반의 삶에 드러나야 한다. 한 번에 한 가지 새로운 아이디어를 채택하여 연습하고 연습하고 또 연습하라. 그리고 작은 변화에서 위로를 얻으라. 당신은 지금 배우고 있는 것이다.

인내를 가지고 하다보면 모든 부모 코치 실습의 열매가 나타날 것이다. 그 열매의 보상은 평생 동안 정규적으로 적은 배당금으로 지불받게 된다.

일관성 갖기

일관성은 이 세상에서 당신의 십대 자녀가 날마다 일어나는 변화에 직면할 때 마다 다시 숙고해야 할 중요한 원리다. 당신이 일관성 있게 행동하고 당신의 말과 행동이 일치할 때, 십대 자녀들은 이 패턴을 본받아 그 자신도 늘 같은 행동을 할 수 있게 된다.

많은 부모들은 바쁘고 일이 너무 많다는 핑계로 십대 자녀들과 함께 하지 못한다. 부모들은 그런 과중한 일, 여행 그리고 개인적인 스케줄 때문에 자녀가 십대에 접어들게 될 때, 즉 자녀가 어린이집과 친척집에 맡겨지는 시기를 지나 스스로 관리할 수 있는 시기가 되었을 때, 자녀들과 함께 하지 못해서 짜증나고 견딜 수 없다고 한다. 홀로 남겨진, 사실상 인터넷 게임과 패스트푸드에 버려진 그런 십대 청소년들은 어떤 방식으로든지 스스로 독립적으로 살아가는 것밖에 선택의 여지가 없다.

자기관리를 잘하지 못하는 십대 아이들에게 부모의 개입은 반드시 필요하다. 이 시기는 사실상 부모들이 일을 줄이고 자신의 외부 활동을 자제하면서 자녀에게 집중해야 할 때다. 어떤 부모는 이런 현상을 '질적인 시간'에 대한 욕구가 '양적인 시간'에 대한 욕구로 바뀌는 것이라고 묘사한다.

당신이 십대 자녀들에게 물리적으로 유용한 실질적인 시간을 할애해야 한다는 것을 염두에 두라. 필요하다면 스케줄을 재조정하라. 집에서 일하든지, 실내에서 할 수 있는 새로운 취미를 찾든지, 친구들을 당신의 집으로 초대하라. 십대들은 당신이 집에 있는지 알고 싶어한다. 당신의 자녀가 "그곳에 있어 주세요. 우리를 떠나지 마세요."라고 요구하는 것을 신중히 생각해 보라.

나는 십대 자녀의 변화에 얼마나 인내하는가?

십대 자녀와 함께하기 위해 내 스케줄을 조정할 의향이 있는가?

당신이 코치의 자질을 알고 싶다면 확실한 코칭 도구를 선택할 준비가 되어 있는 것이다. 먼저 십대 자녀들과 상호작용할 때의 당신 자신을 고찰해 보자. 당신은 다음과 같이 하는가?

분명하게 말하는가?

십대 자녀의 생각을 이해하기 위해 듣는가?

가능성들에 마음의 문을 열어 놓는가?

●

이것은 좋은 관계를 맺기 위한 실제적인 기초석이다. 당신이 이런 행동에 초점을 맞출 때, 자신의 습관을 깨닫고 그것을 차례로 수정할 수 있게 될 것이다.

이런 새로운 행동이 낯설게 여겨진다 하더라도 염려하지 말라. 계속 시도하라! 곧 이런 기술을 사용하는 것이 당신의 제2의 천성이 될 것이며, 당신의 십대 자녀는 그런 기술에 의존하게 될 것이다.

말하기

말은 상대방의 마음을 상하게 하고 상처를 주며 모욕을 주기도 하지

54

만, 상대방의 사기를 충전시키고 지지하거나 안내하는 등 상당한 영향력을 지닌다. 말은 반사적인 행동으로서 종종 부주의하게 사용되기도 한다. 말하기 전에 생각하고 숨을 한 번 들이쉬라는 것을 명심하라. 이두 날 가진 칼을 어떻게 사용할 것인지에 대해 신중을 기하라.

말은 언어 선택과 말의 전달을 포함한다. 우리가 자녀들에게 말하는 방식을 곰곰이 생각해 보자. 우리가 선택한 말은 마지못한 용인이 아니라 실질적인 존중감을 전달해야 한다. 우리가 전달하는 호흡과 어조와 억양과 몸짓의 결합은 우리의 말과 일치해야 한다. 그렇지 않으면 모든 것은 의미가 없다. '헛된' 말, 즉 긍정적인 전달이 뒤따르지 않는 말은 입술로는 미소를 짓고 있으나 눈으로는 그렇지 않은 것과 비슷하다. 우리는 모두 그 사람의 말과 의도가 다르다는 것을 알고 있다.

당신 자신을 살펴보고 당신이 십대 자녀에게 어떤 방식으로 말하는지를 생각해 보라. 당신의 전반적인 어조가 정중하고 공손한가? 아니면 당신의 말은 참을 수 없을 만큼 낙심되고 딱딱하고 신랄한 것인가? 당신의 언어는 긍정적이고 고무적인가, 아니면 모든 십대들이 대하기 어렵고 무책임하고 반항적이라는 무언의 전제에서 흘러나오는 부정적인 어투인가?

친구나 배우자에게 당신이 십대들에게 말하는 방식에 대해 어떻게 생각하는지를 물어보라. 이렇게 질문해 보라. "나는 십대 자녀들이 마음을 열고 말할 수 있도록 말하는가?" "내가 올바른 행동 방식을 정확히 알고 있음을 암시하면서 '~해야 해(should)'라는 단어를 사용해서 십대 자녀에게 지시하는가?" "내가 걸려 넘어지는 지점은 어디인가?" 내가 어느 때 자제력을 잃고 아이의 자존심을 상하게 하는가?

당신의 말과 표현 방식을 의도적으로 자제하라. 분명하게 요청하는 말을 사용하라. 아이들이 당신이 요구하는 일을 하지 않거나 집에서의 기본 지침들을 지키지 않는다면, 그들은 실제로 당신의 역할이 혹은 당신이 실제로 그들에게 원하는 것이 무엇인지 모르기 때문일 것이다. 머릿속에 당신의 요구사항을 생각해 보고, 당신이 충분히 명확하게 요청하고 있는지에 대해 평가해 보라.

예를 들어 보자. 안드레아라는 이름의 한 고객은 아들 데이비드가 저녁식사를 하고 난 후 제때 설거지를 하지 않자 화가 났다. 그녀는 아들에게 말했다.

"네가 저녁식사 후에 설거지를 하면 정말 좋겠다."

데이비드는 아무 반응을 보이지 않았다.

"접시를 닦으라니까!"

안드레아는 계속 재촉하며 아들에게 화를 냈다.

내 제안을 받아들인 그녀는 아들에게 시간표를 정하라고 요청하면서 아들에게 명확한 말로 요구사항을 전달했다. 그녀는 데이비드에게 이렇게 말했다.

"오늘 저녁 설거지 당번은 너인데 몇 시에 시작할래?"

그 결과에 놀란 안드레아는 이렇게 말했다.

"그 애가 말했어요. '알았어요. 십분 내에 설거지 할게요.' 싸움도 다툼도 없었어요. 그 애가 설거지를 했죠!"

분명한 요청을 하고 확인을 받음으로써 당신은 십대 자녀와 약속한 것이다. 설거지나 옷 정리하기 등과 같은 사소한 일들뿐만 아니라 더 큰 문제에 대해서도 약속할 수 있다. 어른으로서 우리는 매일 일터나 가정생활에서 동료나 배우자와 약속하고 그 약속을 지킨다. 우리는 그들이 우리의 마음을 읽어 줄 것을 기대하지 않는다. 우리는 원하고 바라는 것을 십대 자녀들이 알아 주기를 기대할 것이 아니라 그 아이들에게 이러한 연습을 시켜야 하지 않을까?

캐롤라인이라는 이름의 한 부모는 애매모호한 상황을 피하기 위해 약속할 때 따로따로 분리된 '언어'를 사용한다.

"만일 내가 아들 마이클에게 월요일 밤에 쓰레기를 치우라고 요구한다면 나는 특별한 방식으로 요구하고, 또 분명한 약속을 합니다."

그녀는 말한다.

"나는 아이에게 한 번 요구하면, 그 아이가 자동적으로 매주 그 책임을 맡을 것이라고 생각하지 않습니다. 나는 내 요구사항을 결정하고 그것을 명확히 합니다. 예를 들면, 나는 '매주 월요일 저녁마다 네가 쓰레기를 치울 거지? 그리고 앞으로 이 일을 네가 계속하겠다고 약속할 수 있지?'와 같은 질문을 합니다."

'약속'이란 말을 사용함으로써 캐롤라인의 기대는 분명하고 정확하게 진술되었고, 그의 아들은 자기에게 어느 정도의 일이 요구되었는지를 알게 된다. 그렇지 않으면 그는 말하지 않은 부분을 제멋대로 채우고 나중에 변명을 늘어놓을 것이다. 캐롤라인은 이렇게 말한다.

"그 아이는 지금 내게 분명하게 자기의 요구사항을 말해요. 그리고 내게 자기와 한 약속을 지키라고 요구하죠. 우리가 정한 말은 우리 두 사람이 정직하고 우리가 한 말에 대해 책임지도록 도와주죠."

집안의 허드렛일과 같은 사소한 일에 대해 약속하는 습관을 들이는

것은 십대 자녀에게 운전하는 것에서부터 데이트하는 것 혹은 그 이상
에 이르는 더 중요한 문제를 처리하도록 준비시킬 것이다. 이것은 점
차 성장해가는 당신의 자녀가 후에 인생에서 결정해야 할 모든 사항들
을 처리하도록 준비시킬 것이다.

●

"내가 말한대로 해" 하는 말은 "내가 행한 대로 해" 하는 말로 뒷받
침되어야 한다. 모든 아이들은 본 대로 행한다. 코치 부모는 관계안에
서 약속이 어떻게 지켜지는지를 보여 주어야 한다.

다른 사람들에게 요구사항을 분명하게 말하라.

당신이 말하는 것의 의미를 말하라.

불쾌하거나 실제로 하고 싶지 않은 것들에 대해서는 동의하지 말라.

말한 것은 지키라.

십대 자녀들에게 당신이 하겠다고 말한 것에 대해서는

그대로 실천하는 것을 보여 주라!

　십대 청소년들의 생각을 적극적으로 경청하는 것은 중요한 일이다. 경청은 이해의 열쇠다. 정체성을 찾는 십대들은 다른 사람들이 자신을 이해해 주기를 갈망한다. 당신은 십대 자녀가 마치 하나님에게 말하고 있다는 생각이 들 정도로 집중해서 그들의 이야기를 들어 주는가? 당신은 깊이 생각하면서 가만히 듣고 있는가, 아니면 빠른 해결책이나 '올바른' 해답을 제공하기 위해 '아이의 문제에 관여하는' 경향이 있는가?

　속도를 늦추라…. 그리고 자녀의 말에 귀를 기울이라. 당신이 그 아이의 말을 듣기만 하고 그 아래에 숨겨진 뜻을 듣지 못한다면, 당신은 아이와 거리를 만들고 있는 것이다. 아이가 당신에게 말할 때 숨을 죽이라. 당신이 어떻게 그 일을 처리할 것인지 생각하지 말라. 코칭의 초점이 당신에게 있지 않고 자녀에게 있다는 것을 명심하라. 십대 자녀가 해야 할 일을 충고하지 말고, 그 아이가 할 수 있는 일에 귀를 기울이고 들으라. 아이의 의견을 묻고, 아이의 독특한 생각을 인정하며, 대화를 자주 하라. 우리의 십대 자녀들은 우리와 똑같은 복사판이 아니다. 그 아이들은 그냥 그들 자신일 뿐이다. 아이들의 현재 모습 그대로,

성장해 가는 모습 그대로를 존중하라.

●

　미첼은 최근 19세 된 딸 제니퍼 때문에 몹시 속상했다고 말했다. 제니퍼가 어머니를 혹독하게 비난하면서, 부모 역할을 제대로 하지 못했으며 이제부터는 전혀 다른 삶을 살겠다고 말했다는 것이다. 미첼은 딸과 지독하고도 슬픈 싸움을 했기 때문에 마음에 상처를 입고 낙심해 있음이 분명했다. 또 미첼은 내게 자기 변명만 늘어놓았다. 그녀는 자기가 딸을 잘 양육했으며, 이것이 자기가 이룩한 성과라고 말했다.

　나는 이 어머니가 정체성을 찾아 방황하는 어린 딸, 즉 그녀가 그토록 사랑하는 딸의 입장에서 아무것도 들을 수 없고 반응할 수 없다는 것이 얼마나 슬픈 일인지를 생각했다. 이 두 사람의 가치와 생활방식이 항상 일치할 수는 없더라도 서로 의견과 입장을 존중했다면 이렇게까지 커다란 돌풍은 만들지 않았을 것이다. 그들이 진심으로 경청했더라면, 잠시 다른 사람의 입장이 되어 볼 수도 있었을 것이다.

자녀와 함께 기본적인 자기의 생각에 대해 이야기하는 것이 사소한 일은 아니다. 우리는 자녀들에게 어떻게 반응할 것인지를 결정해야 한다. 마음을 열고 들어라. 그리고 그 일은 아이들이 어릴 때 시작하라. 아이들의 생각을 받아들이겠다는 목표를 가지고 당신의 경청술을 발전시켜 보라. 다음과 같이 경청하라.

십대 청소년들이 말하는 것의 근원에 대해서,

그들이 말하지 않는 것에 대해서,

그들의 말뿐만 아니라 그들의 마음에 대해서,

단지 반기를 들기 위해서가 아니라 이해하기 위해서,

공감하는 마음을 가지고.

마음 열기

십대 청소년들을 코치하는 일은 단순한 학문이 아니다. 그것은 새로운 것을 시도하고, 아이디어를 공유하며, 여러 가지를 제안하는 것이다. 당신이 십대 청소년들을 코치하기 위한 엄격한 공식은 어디서도 얻을 수 없을 것이다. 아이들과 관계하는 새로운 방식에 대해 마음의 문을 열어라. 기본적인 코칭의 자질로 돌아가라. 즉, 기준을 정해야 한다는 것, 융통성이 있어야 한다는 것, 인내심을 가져야 한다는 것, 그리고 항상 일관되게 행동해야 한다는 것이 중요하다는 것을 명심하라. 부모의 역할이 끝없는 과정임을 기억하라.

마음을 연다는 것은 당신이 인생의 기복 속에서 십대 자녀들과 늘 함께할 마음이 있다는 것을 의미한다. 아이들은 각기 다른 인생을 경험한다는 것을 인정하라. 당신이 경험했던 방식도 아니고, 그 아이의 형제자매가 경험했던 방식도 아니다. 당신이 이런 마음을 갖게 되면 십대 자녀들이 자신의 독특한 방법을 발견할 수 있다. 한 자녀 이상을 둔 부모들은 자신이 원하는 바에 따라 일관성 있고 확고부동할 수 있으나, 자녀들 각자의 학습 방식과 개성에 순응하는 것이 더 효과적임을 깨달았다고 말한다.

●

제프는 매우 유망한 축구선수였다. 제프에게는 라이언이라는 아들
이 있는데, 라이언은 암벽 등반을 좋아한다. 그래서 제프는 라이언을
근처에 있는 체육관에 등록시켜 암벽 등반 연습을 시켰다. 그 사이 다
른 체육관에서 라이언을 시합 준비 주니어 암벽 등반 팀에 참가하도록
초대했다. 아버지와 아들은 스포츠의 경쟁적인 면을 검토했고, 라이언
은 여러 차례 팀 연습에 참가했다.

첫 시합 스케줄이 잡힌 날, 라이언은 아버지에게 시합에 참가하지
않겠다고 말했다. 라이언에게 등반은 취미삼아 하는 운동이지 시합을
목표로 하는 게 아니라는 것이었다. 제프는 시합에 관한 자신의 강력
한 의견을 표현하지 않은 채 조용히 앉아서 잠시 동안 아들의 이야기
를 들었다. 그는 라이언이 스스로 팀에 관한 결정을 내리도록 허락했
다. 제프는 아들에게 충고하거나 어떤 식으로든 압력을 가하지 않고
스스로 선택하게 했다. 그리고 라이언은 선택했다. 라이언의 말은 정

확히 이러했다.

"난 오늘 시합에 나가지 않기로 했어요. 취미로 암벽 등반을 하기로 했다고요."

●

코칭은 정답을 제시하는 것이 아니라 십대 청소년들로 하여금 그들 자신이 선택하도록 준비시키는 것이다. 때로 아이들이 어떤 상황과 문제를 가지고 어른들에게 다가올 때 상담이 필요하다. 그러나 발견의 과정을 찾아가도록 조용히 안내하는 것이 아이들에게 더 유익하다. 우리는 모든 문제를 우리 자신이 해결하려고 하기보다는, 아이들이 나름대로 해답을 찾도록 허용하면서 아이들의 이야기를 듣고 말하는 법을 배워야 한다.

십대 자녀들이 다음과 같은 행동을 할 때 당신은 어떻게 반응 하는가?

- 채식주의에서 명상에 이르기까지 새로운 수양법에 대해 관심을
  가질 때
- 당신이 모르는 누군가를 알게 될 때
- 문신이나 코걸이를 하고 싶어할 때

물론 당신은 한 가지 의견을 갖고 있을 것이다. 당신은 자기도 모르게 다른 것을 잘못이라거나 완전치 못하다고 판단하지 않는가? 당신은 그런 판단을 겉으로 나타내지 않는가? 당신은 대화에 앞서 자녀들을 비난하지는 않는가?

십대 자녀들이 자기 일을 하면서 해답을 찾고 있을 때 그들을 판단하는 것은 자녀와의 관계를 크게 손상시킬 수 있다. 여기서 당신의 역할은 코치이지 관리자가 아님을 명심하라. 당신의 십대 자녀가 당신이 좋아하지 않거나 인정할 수 없는 어떤 일을 하거나 제안할 때 비판적

인 태도를 보이지 말고, 아이가 계속해서 이야기하도록 허용하는 방식으로 대하라. 그 아이가 요구하거나 원하는 것 혹은 자신이 처한 위치에서 조사하고 싶어하는 것 뒤에는 무엇이 있는지를 찾아내라. 이것은 코치 부모가 본능적으로 갖게 되는 부정적 시각을 가능성을 보는 시각으로 바꾸면서 판단을 보류하는 방식이다.

내 고객 조는 자신이 판단하는 것을 그만두고 새로운 전망을 바라보는 방법을 발견했다고 말했다. 그의 딸 앤은 학교 친구의 배신에 관한 가슴 아픈 사연을 그에게 이야기했다. "나는 이때 딸아이의 이야기를 듣기만 하고 내 의견을 배제하기로 마음먹었습니다." 하고 그는 말했다.

그 점을 염두에 두었기 때문에, 조는 어릴 적에 부모가 자신을 위해 답을 알려 주었던 것처럼 딸에게도 똑같이 하고 싶은 마음을 억제할 수 있었다. 그는 진정으로 아이의 말에 귀를 기울이고 아주 새로운 방식으로 딸과 이야기할 수 있게 되었다.

"나는 내 딸에게 그 일을 경험하게 하고, 그 아이가 용감해지도록 격려했습니다. 나는 딸에게 그 일을 맡겼습니다. 나는 그저 들을 뿐 그 아이나 다른 소녀를 판단하지 않았습니다. 그 결과 우리는 길게 대화할 수 있었고, 내 딸은 내가 자기 말을 들어 주고 자기를 존중한다고 느끼게 되었습니다."

●

당신이 자제력을 잃지 않고 그 상황을 깊이 생각하고 평가할 수 있으면, 당신은 십대 자녀와 의미 있는 깊은 대화를 나눌 수 있을 것이다. 이 말이 불가능한 꿈처럼 들린다면 이런 자제력을 시험해 보라.

결과에 초점 맞추기

우리는 현재에 살고 있으나 미래를 내다볼 줄 알아야 한다. 나는 고객을 코칭할 때, 고객이 그 길을 따라가면 어떤 결과나 성과가 있을지 묘사해 보라고 요청하곤 한다. 그러고 나서 나는 묻는다. "당신은 장래에 원하는 것을 이루어내기 위해서 지금 특별히 무엇을 하고 있나요?" 우리는 미래를 내다보고 그때 얻게 될 성과를 위해 어떻게 해야 할지에 초점을 맞춘다.

코치 부모도 미래에 초첨을 맞추어야 한다. 당신은 말할 때, 십대 자녀가 새로운 것을 상상하도록 돕고, 그 아이가 원한다고 말한 것을 얻도록 계속 지지하고 도와주어야 한다. 비록 그 끌어당기는 힘이 헛된 것으로 판명되고 아이가 이익을 얻지 못한다고 하더라도, 아이는 자신에 대해 더 많은 것을 배울 것이다. 십대 자녀의 개성을 인정하고 그 아이가 자신의 존재에 대해 의미를 찾도록하는 것은 당신이 줄 수 있는 가장 큰 선물이다. 우리는 코칭에서 이러한 것을 '바라는 결과를 얻기 위해 나아갈 길을 설계하는 것'이라고 부른다.

아들이 암벽 등반을 좋아하지만 시합은 좋아하지 않는다고 말했던 제프는, 아들이 아마추어 등반가로 나아가는데 힘이 되어 주었다. 그는 간섭하지 않고 아들이 정말로 원하는 것에 초점을 맞추게 했다. 코치 부모가 된다는 것은 자녀에게 크건 작건 꿈을 이룰 도구를 주면서 목표나 성과를 얻기 위해 나아가는 길을 설계하도록 돕는 위치에 서는 것이다.

십대 청소년들을 코치하기 때문에 나는 어쩔 수 없이 대학과 직장과 직업 혹은 고등학교 이후의 다른 계획들에 대해 그들과 함께 이야기하게 된다. 이런 질문들은 중요하지만 겁나는 것일 수도 있다. 그래서 많은 십대들은 그런 문제들에 대해 생각하려고 하지 않는다.

나는 이러한 청소년들에게 결정을 내려야 할 다음 몇 년을 모험의 시기로 여기라고 가르친다. 우리는 먼저 그들이 미래에 대해 무엇을 원하는지, 즉 어떤 사람이 되고 싶고, 무엇을 하고 싶고, 어디에 있고 싶은지에 대해 고려해야 한다. 그리고 나서 우리는 거꾸로 그 계획을 따라 잡도록 제안해야 한다. 우리는 종이에 커다란 시간표를 그리고, SAT(수능)시험, 대학입시나 입사지원, 대출 조회, 이력서 쓰기, 예금계좌 개설, 거주할 곳 물색하기, 이사 등 예상할 수 있는 중대 사항을 적어 넣는다. 그 모든 것을 통해서 대학 학위나 회사에 취업하는 것, 그들이 정말 좋아하는 사업을 시작하는 것과 같은 목표지점을 항상 염두에 두어야 한다. 우리는 목표지점을 염두에 두고 지도를 만들기 시작한다.

이 등식에서 우리 자신에게 주목해 보자. 십대 아이들은 자신의 삶에 관한 지도를 스스로 그릴 수 없다. 계획을 짜기 위해 부모인 당신에게 의존할 수밖에 없다. 이때 삶에 대한 당신 자녀만의 독특한 희망과 꿈은 고려되지 않는다. 그러나 당신이 완전히 그 길 밖에 있으면서 아이에게 고등학교나 대학교 진학 그리고 직장 계획과 같은 복잡한 문제들을 처리하게 하는 것은, 그 아이로 하여금 불안정한 상태로 홀로 남겨져 있다는 느낌을 갖게 한다. 그러므로 큰 그림에 초점을 맞추면 당신과 당신 자녀는 모두 기분 좋고 행복한 인생을 설계하게 된다.

🌱 우리 아이는 지금 어떤 생각을 하고 있고, 미래에 대한 어떤 계획을
가지고 있는가?

🌱 나는 이런 아이를 어떻게 돕고 있는가?

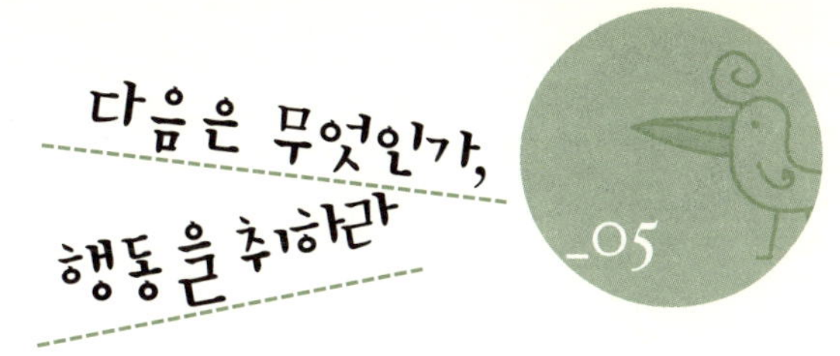

당신은 부모로서 현재 상태를 평가하고, 코치 부모의 역할을 맡기로 결심했다. 이제는 배운 것을 실습해 볼 차례다. 참고 인내하며 새로운 기술을 사용하는 것은 탁월한 선택이다. 이제는 그런 기술을 실생활에 적용해야 한다. 그러나 걱정하지 말라. 당신은 필요한 것을 얻었다. 십대들의 코칭에서 목표는 '완전함'이 아니라 '연합'이다.

당신은 필요한 자질과 기술을 배울 수 있다. 이 책의 제2부에서는 당신이 일상생활 속에서 십대들과 상호 작용하기 위해 이러한 기술들을 통합하는 방법에 대해 가르쳐 줄 것이다. 십대들과 코치 부모로서 관계 기초석은 이미 놓여 있다. 이제 함께 관계를 형성하는 것은 당신의 몫이다.

우리는 모두 성숙해가는 자녀들과 바람직한 관계를 맺고 싶어한다. 어른으로서 우리는 먼저 첫발을 내딛고, 코칭의 중요한 요소들을 계속해서 배워, 우리에게 주어진 매일의 양육에 적용할 책임이 있다. 우리 자신이 먼저 달라지려고 노력할 때 십대 아이들과의 삶의 차이를 줄일 수 있다. 그래야 우리는 다음 세대와 지속적으로 존중하는 관계 형성법을 배울 수 있다.

나는 우리아이에게 어떤 모습으로 다가가야 하는가?
(나는 우리 아이의 어떤 모습때문에 가장 힘든가?)

자녀를 코치하는 7가지 방법

존중하는 법 배우기

코치 부모로서 우리가 바라는 것이 십대 자녀들과 사랑의 관계를 형성하고 그 아이들이 미래를 준비하도록 돕는 것이라면, 우리는 먼저 자녀들에게 우리가 그들을 한 개인으로서 존중하며 신뢰한다는 것을 보여 주어야 한다. 우리는 7가지 방법을 사용함으로써 이것을 보여 줄 것이다. 즉, 우리는 그들의 존재를 존중하고, 그들의 말을 듣고, 그들의 입장을 이해하려고 애쓰며, 그들만의 개성을 인정하고, 그들 뒤에 서서 그들에게 책임을 맡기고, 그들이 독립심을 키우도록 돕고자 한다. 이 모든 것은 존중에서 시작된다.

웹스터(Webster)는 '존중하다(respect)'라는 말을 "특별한 고려나 높은 관심을 가지고 다루다"라는 뜻으로 정의 내린다. '당연한 가치가 있다(deserve)'라는 의미가 이 정의에서 빠져 있음을 주목하자. 존중이란 모든 사람들이 살기 위해 필요하고 또 원하는 것이다. 우리는 십대들을 존중해야 한다.

왜냐하면 그들은 자기 일을 해나가는, 어른으로 성숙해가는 인간이기 때문이다.

우리는 다양한 방식으로 십대 자녀들에게 존중한다는 것을 전할 수 있다. 존중은 우리의 말과 신체언어, 정중함으로 표현될 수도 있고 또 우리 뜻대로 결론을 내거나 문제를 해결하려고 하지 않고 아이들의 생각을 받아들이는 우리의 모습으로 나타날 수도 있다. 십대들에게 초점을 맞추고 단지 코칭의 관점에서만 행동하는 것은 존중을 보이는 행동이다. 내 고객 두 명은 존중을 명백히 드러내는 방법을 스스로 찾아냈다.

테이미는 12살 된 남매 쌍둥이를 홀로 키우고 있다. 테이미는 아들 로버트는 모든 과목에 A를 받기 때문에 존중할 수 있지만 딸 레슬리를 존중하기는 어렵다고 말했다. 왜냐하면 레슬리는 말도 잘 안 듣고, 자기가 하고 싶은 대로 하며, 학교생활에 잘 적응하지 못하기 때문이다. 테이미는 존중이 자녀의 성적이나 행동과 깊은 관련이 있다는 선입견을 갖고 있었다. 그녀는 '착한' 아들에 대해서는 칭찬할 것이 많지만 '나쁜' 딸과는 다툴 일밖에 없다고 여겼다.

테이미는 레슬리나 로버트가 칭찬이나 사랑받을 만한 행동을 했을 때에만 존중한다고 표현함으로써 자기도 모르게 좋고 나쁨에 관한 구별을 지었던 것이다. 나는 테이미에게 두 자녀를 모두 똑같이 존중해 주라고 했다. 이 말을 듣고 그녀는 자신의 행동을 반성하게 되었고 자발적으로 그렇게 하려고 했다. 그러나 어떻게 해야 할지 그녀는 난감했다.

나는 테이미에게 두 자녀와 대화할 때 존중이란 단어를 사용하라고 이야기했고, 단지 보상이나 칭찬을 위해 존중하지 말라고 말했다. 나는 테이미에게 십대 자녀들의 각기 다른 놀라운 특성들(성과와는 다름)에 대해서만 생각하고, 단지 그런 특성을 지니고 있다는 이유만으로 그들을 존중하라고 말했다. 그녀는 자녀들의 특별한 행동, 성공이나 실패와 관련해서 '존중'이란 말을 사용하지 않고, 긍정적이고 무조건적인 존경의 표현으로서 존중이란 말을 사용하기로 약속했다.

"나는 두 자녀와 일상적인 대화 속에서 존중이란 말을 사용하기 시작했어요." 그녀가 나중에 내게 말했다.

"그 말을 사용하기가 더 힘들었던 내 딸은 그 말을 열심히 듣더군요. 내가 그 애에게 어려운 결정을 내리는 데 있어서 너의 강점을 존중한다고 말하자 그 아이는 자유롭게 말하기 시작했죠. 존중한다는 말 한 마디에 그 아이의 마음 문이 열린 것 같아요. 이 말 때문에 나는 그 아이의 행동이나 상황에 대해 가졌던 선입견을 버릴 수 있게 되었어요."

테이미는 지금 존중이란 말을 코칭의 도구로 사용한다고 말했다.

"그 말이 내게는 일종의 상기시키는 도구 혹은 방아쇠가 되었어요. 존중이란 말을 사용하고부터 나는 자녀들에게 전보다 더 지지하고 격려하는 말들을 하게 되었어요. 우리 아이들은 내가 지금 자신들을 존중한다는 걸 알고 있어요. 그러나 가장 큰 유익을 얻은 사람은 바로 내 딸이죠. 그 아이의 태도는 많이 좋아졌고 내게 전보다 더 많은 말을 하게 되었어요."

이혼한 아버지 짐과 십대인 딸 트리나는 서로 다른 주에 살고 있다. 짐은 딸에게 존중한다는 것을 보여 주기 위해 자신의 생각과 말에 존경이라는 개념을 통합시키기로 결심했다. 그는 전화로 딸에게 존중한다는 것을 표현하는 방법에 대해 생각했다.

그는 존중이란 말을 트리나와 대화하면서 어떻게 사용하는지를 모색했다. 그는 어떤 상황이나 문제에 한정시켜서 그 말을 사용하지 않고, 오히려 현재의 모습 그대로 그 아이를 존중한다는 사실을 전달하기 위해 그 단어를 사용했다. 그 결과 그동안 소원했던 관계가 더욱 가까워지게 되었다. 짐이 딸을 이런 식으로 대하자 딸이 마음 문을 열고 전화상으로나마 자기를 더욱 신뢰하게 되었다고 말했다.

존중을 표현하기

누군가 당신에게 "난 널 존중해" 하고 말한 적이 있는가? 그때 기분이 어땠는가? 당신이 누군가를 존중한다고 말하는 것은 그 사람의 존재 자체를 인정한다는 뜻이다. 십대 청소년들은 이런 식으로 인정받기를 몹시 갈망한다. 그 말을 들음으로써 그들은 자신이 혼자가 아님을 깨닫게 되고 자신이 올바른 길에 들어서 있음을 알게 된다.

당신은 존중에 대해 어떻게 정의 내리고 있는지 생각해 보라. 당신은 십대 자녀들에게 존중한다는 것을 보여 주는가? 다른 십대 청소년들에게도 그런가? 당신이 진심으로 자녀를 존중하지만 그 아이에게 직접적으로 "난 널 존중해" 하고 말하기가 두렵거나 쑥스러울 수도 있다.

당신의 십대 자녀들은 당신이 실제로 존중한다고 말할 때까지 당신이 자기를 존중한다는 것을 알지 못할 수도 있다. 당신이 다른 사람들에게 자녀를 존중한다고 말한다 해도 아이들에게 직접적으로 말하는 것과는 다르다. 가서 자녀들에게 물어보라. "너는 존중받을 때 얼마나 기쁘니?" 그 아이의 대답을 주목하라. 비판하지 말고 그저 듣기만 하라. 바로 그 자리에서! 당신은 존중한다는 것을 보여 준 것이다.

적용1 **'존중'을 말로 표현하라**

십대 자녀들에게 존중이란 말을 사용해 보라. 정중한 어조로! 적어도 다음 몇 주 동안은 매일 한 번 이상씩 의도적으로 그 말을 사용하라. 하루를 정리하면서 조용히 앉아서 당신이 오늘 그 말을 사용했는지, 그리고 그 결과가 무엇이었는지 스스로에게 물어 보라.

적용2 **예행 연습**

매일 아침 거울을 보면서 당신 자신에게 "난 널 존중해." 하고 말해 보라. 그 말의 의미를 생각해 보라. 당신 자신에게 존중한다고 말하고 그 말을 듣는 데 익숙해지라. 당신이 먼저 자신에게 존중한다는 말을 할 줄 알게 되면 다른 사람들에게 그렇게 말하고 그것을 보여 주기가 더 쉬울 것이다.

적용3 **특성**

당신이 존경하는 모든 어른들의 명단을 작성해 보라. 그리고 그 이유를 적

어 보라. 당신이 존경하는 사람들의 업적을 제외하면 그들에게 어떤 특성

이 있는가?

이제 그 명단에 당신이 아는 모든 십대 청소년들의 이름을 추가해 보라. 명

단에 청소년들의 좋은 특성을 적어 보라.

앞으로 두 주 동안 주머니나 지갑 등에 그 명단을 넣고 다니면서 매일 꺼내

보라.

당신이 아이를 존중할 수 없다고 생각하는 부분은 무엇인가?

나는 어떻게 내 아이에게 '존중'한다는 표현을 할 것인가?

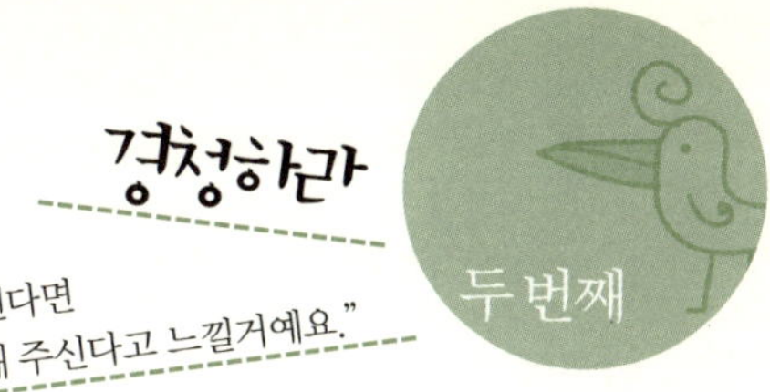

경청하는 법 배우기

경청하는 것은 기술이며, 궁극적으로는 예술에 해당한다. 당신은 누군가의 말을 무시했다가 '더 잘 들어야겠다'고 생각한 적이 있는가? 이제 당신이 그렇게 해야 할 때가 되었다. 내가 십대 청소년들에게서 들은 가장 큰 불만은 아무도 그들의 말에 귀를 기울이지 않는다는 것이다.

웹스터는 '경청하다(listen)'라는 동사를 "들으려고 의식적으로 노력하다. 듣기 위해 가까이 다가가다"라고 정의 내린다. 웹스터도 한때는 분명히 십대였다! 십대들은 누군가 자기 말을 들어 준다고 느끼기를 원한다. 또 실제로 들어 주기를 원한다.

우리의 청취 습관을 바꾸려면 먼저 귀를 쫑긋 세우고 들어야 한다. 단지 반응하기 위해 듣는 것이 아니라 적극적으로 이해하기 위해 들어야 한다. 사려 깊은 경청은 수동적인 반응이 아니라 자발적인 행동이다. 어떻게 듣느냐는 당신에게 달렸다.

당신이 다른 사람의 관점에 자신을 맞추려면 훌륭한 코치의 기본적인 기술을 익혀야 한다. 이해하기 위해 듣는 것이 목적임을 기억하라. 당신이 아는 모든 사람들에게 적용해 보고 이런 경청의 요소를 당신만의 목록에 통합시키라.

판단하지 말고 마음 문을 열어 놓고 들으라.

다른 사람의 입장이 무엇인지 알기 위해 들으라.

'핵심'이나 근본적인 문제가 무엇인지 알기 위해 들으라.

경청을 말하기와 듣기로 이루어진 대화법의 일부로 간주하라. 다음 그림처럼 완전한 원을 그리는 데 참여하는 것은 당신의 대화 상대자를 존중하는 행동이다.

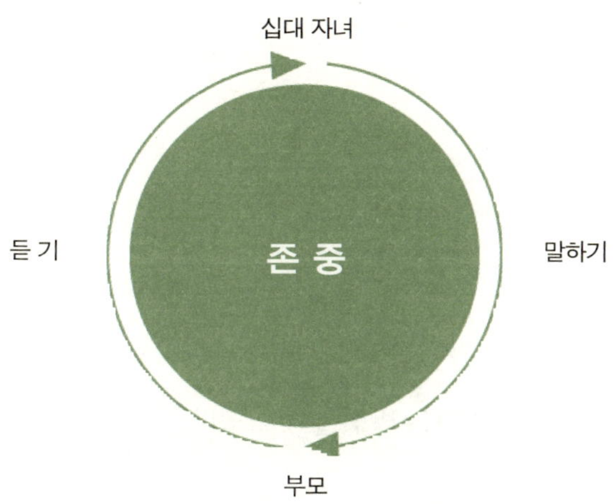

경청은 중요하고도 적극적인 존중의 표현이다.

즉, 들으면 존중하게 되고, 더 열심히 들으면 더욱 존중하게 된다. 십대 청소년들은 우리가 자기 말을 들어 준다고 느끼면 우리를 신뢰하고 자기 마음을 털어놓는다. 따라서 경청은 믿을 만하고 신뢰할 만한 관계의 길을 열어 준다.

잘 들어 주는 것은 십대들에게 존중한다는 것을 전달하는 한 가지
방법이다. 그러고 나면 자녀들도 당신을 존중할 것이다.

당신의 경청 기술이 요구될 때, 깊이 숨을 쉬고 코치 부모로서 당신
의 역할을 기억하라. 당신 자신이 아니라 당신의 십대 자녀에게 역점
을 두라.

내 고객 중 두 명은 자신들의 뜻대로 판단하지 않고 십대 자녀들에
게 초점을 맞추어 경청하는 방법을 찾아냈다.

프리랜서로 일하는 댄은 매일 '관점'에 초점을 맞추어 딸과 시간을 함
께한다. 그는 딸 로라의 말을 들을 때 이렇게 해야 된다는 것을 깨달았다.
"나는 지금 그 애의 입장에 서서 들으려고 노력해요. 그리고 16살 된 아이
의 기분이 어떨까를 생각하려고 하지요. 그런 마음을 가지고 아이와 함께

하다 보면 기분이 상쾌해져요. 왜냐하면 몸도 편하고 내 생각 때문에 마음 다치는 일도 없기 때문이죠. 그 애는 단지 오늘 어땠는지에 대해 말하고 싶어할 뿐, 내가 간섭하거나 방해하거나 해석하기를 원치 않아요. 내가 코치 부모가 되면서 우리의 대화 방식은 많이 달라졌어요. 나는 이제 말을 적게 하고 딸의 말을 많이 듣는 편이죠."

세 자녀를 홀로 키우는 로빈도 같은 결론에 도달했다.

"컨설턴트인 저는 항상 내 고객의 말을 주의 깊게 들어야 해요. 저는 지금까지 그런 식으로 내 자녀들의 말을 들어야 한다고는 생각 조차 해 본 적이 없어요. 나는 여전히 그 점에 있어서 완벽하지 못하지만 의도적으로 아이들의 이야기를 들으려고 해요. 그리고 내 생각이 아니라 그 아이들의 입장에서 이야기를 들으려고 하죠. 나는 개성이 강하고 대체로 그런 강한 개성을 드러내기 좋아하지만, 그런 태도가 내 십대 자녀들에게는 아무 소용이 없어요."

로빈은 아이들의 말을 잘 들어주면 대화를 개선할 수 있을 뿐만 아니라 그것이 치유의 속성도 지닌다는 것을 깨달았다.

"나는 지금 몇 가지 새로운 코칭 도구들을 갖고 있어요. 예를 들면, 아이들의 핵심 문제들을 들을 수 있는 경청하기가 거기에 해당하죠." 하고 그녀는 말한다.

"우리가 마지막으로 대화를 나눈 후에, 16살 된 딸 킴은 5분밖에 이야기를 나누지 않았는데도 자기가 갖고 있는 문제를 스스로 해결해낸 것 같았어요. 나는 단지 듣기만 했는데도 말이에요!"

우리가 듣고 있음을 보여 주기

경청은 여러 가지 목적에 이바지한다. 우리는 어떠한 정보를 받아들일 때 우리 안에 있는 다양한 방법을 사용하여 그것을 하나의 의미 있는 형태로 만들어낸다. 이제 우리가 왜 이야기를 나누는지에 대해 생각해 보자. 우리는 정보를 전달하기 위해서 이야기를 나눈다. 때로는 의견이나 동의를 구하기 위해서지만 그렇지 않은 경우도 있다.

당신은 '단지 이야기가 하고 싶어서' 누군가에게 전화한 적이 있는가? 당신은 아무런 상관없는 친구에게 어떤 일과 관련하여 당신의 바뻔 스케줄에 대해 시시콜콜 이야기해 본 적이 있는가? 사실 그 정보를 마음속에 새겨야 할 사람은 바로 당신이었다. 운이 좋다면 당신의 친구는 가만히 앉아 당신 혼자 떠들도록 내버려 두었을 것이다. 당신 친구가 당신의 말에 귀를 기울인 것은 당신이 자신의 말을 경청하도록 허용한 것이다.

당신이 어떤 식으로 듣는지를 의도적으로 살펴보라. 당신의 십대 자녀가 말을 할 때 당신은 무엇에 귀를 기울이는가? 당신은 자녀가 당신의 충고를 원한다고 가정하면서, 이야기를 듣고 해결책을 찾으려고 준비하는가? 당신의 신체언어에 주목하라. 당신은 비판적이거나 판단하면서 듣는가? 십대 자녀들은 당신이 실제로 그들에게 주의를 기울이고 있는지 물을 수 있다. 주의를 기울여서 의도적으로 들으려고 노력하라.

포스트 잇이나 메모지에 '이해하기 위해 들으라'고 적으라. 3일 동안 하루에 적어도 열 번씩 그 글귀를 보라. 그리고 당신의 경청 습관을 의도적으로 인식하라. 이것을 포기하지 말라! 계속해서 당신 자신에게 '이해하기 위해 들으라'는 말을 상기시키라. 그 결과를 기록하라.

멈추기만 하라…. 다음에는 십대 청소년이 당신에게 말하기 시작한다. 책을 내려놓고, 신문 읽는 것을 그만두고, 접시 닦는 일을 중단하라. 한숨 돌리고 나서 관심을 아이에게로 돌리라. 아들이나 딸에게로 시선을 고정하고 아이들이 말하는 동안 아이들의 말에 주의를 집중하라. 아이들을 바라보면서 들으라. 조용히 하고 아이들을 방해하지 말라. 아이들이 약간 큰 소리로 자기 생각을 말해야 할지도 모른다.

일주일에 하룻밤 시간을 비워 놓고 그날을 경청의 밤이라고 부르라. TV를 끄고 전화받는 것 등 주의를 흐트려 놓는 모든 것을 제거하라. 십대 자녀에게 다가가라. 다음과 같이 시도하라. "난 오늘 저녁에 네 스페인어 숙제를 돕기 위해 100퍼센트 시간을 낼 거야. 숙제가 끝나면 같이 아이스크림 먹으러 가자." 당신의 스케줄에서 오직 자녀와의 관계에만 몰두할 수 있는 연습을 하라. 그리고 문제에 집착하거나 문제를 해결하는 것이 아니라 먼저 듣는 것에 집중하도록 하라.

우리 아이가 부모에게 무엇을 말하고 싶어하는가?

나는 어떻게 들을 것인가?

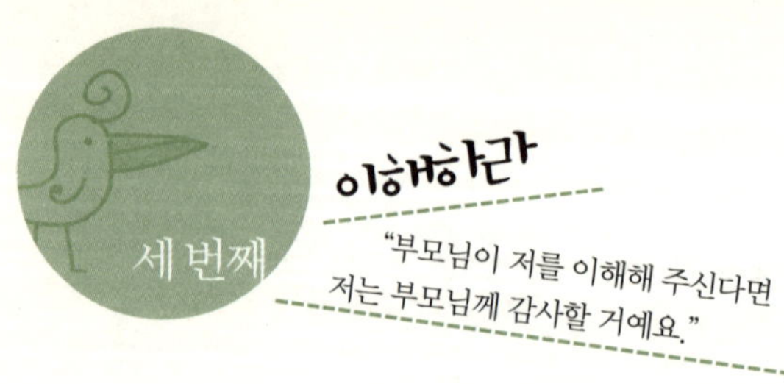

더 깊이 이해하는 방법 배우기

이 책을 읽는 사람들 중에 이해받고 싶지 않은 사람이 있을까? 가족이나 친구, 동역자, 심지어 전화를 걸어온 고객센터 상담자에게서조차 이해받고 싶은 것이 인간의 본성이다.

당신과 마찬가지로 당신의 십대 자녀도 이해받고 싶어한다는 생각을 받아들이라. 아이들이 매일 직면하는 엄청난 변화와 도전을 생각해

보라. 십대들은 누군가 자기를 존중하고 자기 말에 귀 기울여 주기를
원할 뿐만 아니라 실제로 그렇게 해주기를 몹시 갈망한다.

웹스터는 '이해하다(understand)'라는 말을 "…의 의미와 중요성, 의
도나 동기를 알다, 파악하다, 혹은 …의 의미를 인식하다, 식별하다"로
정의한다. 당신이 그토록 사랑하는 아들이나 딸의 의미와 중요성, 의
도나 동기를 알려고 노력하라. 그 아이들의 존재가 어디서부터 시작되
는지 생각해보라. 당신과 십대 자녀 사이에 존중과 경청의 원을 계속
그리면서 당신의 자녀가 이해받고 있다고 느낄 만한 반응을 그 위에
쌓아 올리라.

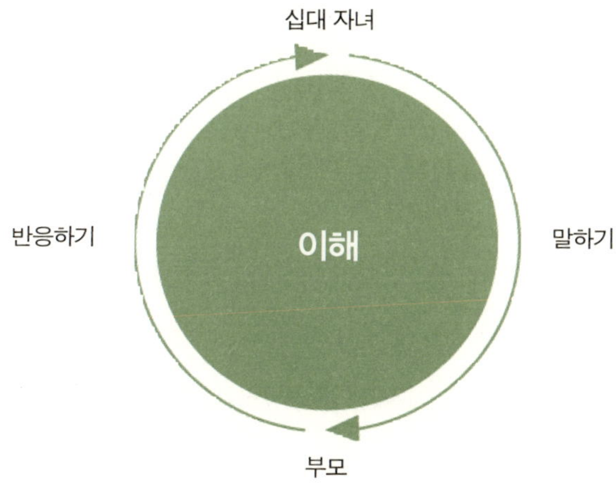

'내가 너만 할 때는…'이란 케케묵은 이야기를 누가 듣고 싶어하겠는가? 내 두 고객은 자신들의 경험이나 지식을 배제하고 오로지 십대 자녀들에게만 초점을 맞추었다.

마누엘은 이혼했고 11살 된 딸과 13살 된 아들을 두고 있다. 마누엘은 청취 기술을 개발하기 위해 이해라는 개념을 사용하기 시작했고, 자신의 통찰력을 과거의 경험에 결부시키려는 충동을 억제했다. 아들 조지에게 일어난 상황과 관련해서 그는 다음과 같이 회상했다.

"성적과 문제가 있는 몇 가지 영역에 대해 아들과 한참 동안 이야기를 나눈 후에 나는 그 아이에게 이렇게 말했어요. '난 네가 겪고 있는 일을 이해할 수 있어. 학생들이 30명이나 되는 학급에서 공부한다는 것은 사실 무리야.' 난 이해한다는 말을 직접적으로 사용했어요. 그리고 정말 나는 내가 이해했다고 여겼어요. 왜냐하면 나 자신도 그것을 경험했기 때문이죠. 난 이전에는 그 아이에게 그런 말을 한 적이 없어요. 그 아이는 내 관심과 이해에 감사했고, 대화를 나누고 난 후에는 더 편안하게 생각하는 것 같았어요."

조엘레는 딸을 더 잘 이해할 수 있는 새로운 관점을 발견했다.

"내 딸 린다는 ADD(주의력 결핍 장애)를 앓고 있어서, 시간표에 따라 행동하고 제때 숙제하는 것을 제대로 하지 못해요. 나는 이 증상에 대해 더 많이 알기 위해 공부하기로 결심했어요. 난 이제 그 아이의 마음이 어떤 상태인지, 아이의 시간표 짜는 것을 왜 도와주어야 하는지를 더 이해하게 되었어요. 그래서 나는 그 애에게 이제 더 이해할 수 있게 되었다고 말했어요. 나는 지금 그 애를 더 잘 도울 수 있어요. 전엔 낙심했고 또 그 아이에게도 절망적이라고 말했어요. 그래서 상황이 더욱 악화되었죠. 그런데 그 애가 겪고 있는 것에 대해 이해하게 되면서 나 역시 엄청난 도움을 받게 되었어요."

우리가 이해한다는 것 보여 주기

당신은 십대일 때 어른들에게 이해받고 있다고 느낀 적이 있는가? 그렇다면 당신이 무엇 때문에 그런 식으로 느끼게 되었는지 회상해 보

라. 만일 그런 경험이 없다면 앞의 원을 깨뜨리고 먼저 십대 아이들에게 어느 정도의 이해와 공감을 전달해 보라. 다른 의무감을 느끼지 말고 그들의 생각을 공유하라. 이해는 감정이입과 관심을 통해서 얻게 된다. 이해는 모든 해답을 갖고 있는 데서 오는 것이 아니다.

당신의 십대 자녀가 어디서부터 오는지를 이해하려고 진지하게 노력해 보라. 당신의 청소년 시절과 현재 자녀 사이의 엄청난 사회적 변화에 머물지 말고 보통 사람들에게 초점을 맞추라. 그 사이 통치권은 여러 사람들에게 넘어갔고 세월도 많이 흘렀지만, 인간의 본성은 여전히 똑같다.

당신의 십대 자녀에게, 당신이 그 아이를 이해한다고 느끼는지 혹은 당신이 그 아이의 말에 귀를 기울인다고 느끼는지에 대해 물어보라. 당신은 일반적으로 이 일을 할 수 있고 또 그것을 특수한 상황에 연관시킬 수도 있다. 대화하는 동안 "내가 널 이해한다고 생각하니?" 하고 질문할 적절한 시간을 찾으라. 당신의 십대 자녀가 반응할 때 귀를 기울이고, 그 대답이 당신의 마음에 들지 않더라도 방어적인 자세를 취하지 말아야 한다는 사실을 명심하라. 아이의 대답을 수용하고, 다음번에 당신의 이해를 증진시키기 위해 그 아이의 통찰력을 사용하라. 이해는 일회적 사건이 아니다.

적용2 그것을 말하라

십대 자녀에게 "나는 이해한다"는 말을 사용하기 시작하라. 그러나 그 말을 과도하게 사용하지 않도록 조심하라. 십대들에게 이 말을 사용하는 것은 이해하고자 하는 우리의 바람을 더 굳건하게 해 준다. 당신은 그 말을 하기 전에 아이들의 입장이 되어 오늘날 젊은이들이 어떤 삶을 살아야 할 것인지에 대해 상상해 보라. 앞으로 3주 동안 하루에 한 번 이상씩 자녀들에게 이해한다는 말을 하라.

이 표현을 사용하면 당신 자신이 자녀에 대해 이해한다고 생각했던 것보다 훨씬 더 많이 아이를 이해한다는 것을 깨닫게 될 것이다.

적용3 숨을 크게 쉬라

이해하기 위해서는 충고하거나 문제를 해결하려고 하는 습관을 버려야 한다. 자녀들이 당신에게 말을 걸어오면 당신은 숨을 두 번 고르고 나서 이해하기 위해 들을 준비를 하라. 이것은 당신이 무언가 하려는 속도를 늦춰 주고 당신의 평소 반응을 바꾸어 줄 것이다. 당신은 숨을 고르면서 성급하게 결론 내리지 말고, 이해하려고 애쓴 것을 스스로 상기하라.

물론 대화는 빠르게 진행된다. 당신이 숨을 돌리고 초점을 맞추는 것에 대해 기억나도록 도와줄 것이 필요하다면, 문구점에서 색깔 있는 동그란 스티커를 몇 개 사라. 한 개를 시계에 붙이고, 달력에도 한 개, 냉장고에도 한 개씩 붙이라. 당신이 자녀에게 말하기 전에 그 스티커를 보게 되면, 그것들은 숨을 돌리고 이해의 점으로 초점이 이동하도록 할 것이다.

🌱 내가 이해하지 못하는 우리 아이의 행동은 무엇인가?

🌱 나는 앞으로 어떻게 이해하려고 노력할 것인가?

인정하는 법 배우기

감탄, 칭찬, 감사, 이 모든 것은 인간의 특성과 재능에 대한 인정의 표시다. 십대들은 내게 이렇게 말했다. 자신이 행한 일에 대해 어른들이 진심으로 인정하면서 칭찬해 준다면, 비록 그 일이 사소하고 보상이 크지 않을 것이라 하더라도 기억할 만하고 기분 좋은 일이라는 것이다. 우리는 초등학교 1학년 학생들의 발표회에서 과장되게 박수갈채를 보내는 것에 대해 말하고 있는 것이 아니다. 십대들을 칭찬하는 일은 그렇게 간단하지 않다. 우리는 칭찬할 때 진지하게 보여야 할 뿐만 아니라 실제로 진지해야 한다. 그렇지 않으면 십대 자녀들은 그것을 수상쩍게 여길 것이다.

물론 1학년 학생에게 인정한다는 것을 보여 주는 일은 상당히 쉽다. 그 아이는 그 말에 우쭐대며 미소를 짓거나 포옹을 하는 등 당신에게 즉각적인 반응을 보인다. 그러나 십대들의 경우는 더 복잡하다. 그들은 우리가 주저하거나 무관심한 것을 싫어한다. 그들은 우리가 계속해서 칭찬하고 감탄해 주기를 바란다. 그러나 그들은 자신을 인정하는 새로운 방식으로 감탄해 주기를 원한다.

'인정하다(appreciate)'라는 말은 "의미와 바람직함 혹은 …의 가치가 있음을 자각하다"라는 뜻으로 정의된다. 당신이 동역자나 이웃을 얼마나 인정하는지, 당신이 그들에 대한 인정을 어떤 식으로 표현하는지에 대해 생각해 보라. 그것을 십대 자녀들에게 주는 인정의 기준으로 사용하라. 이 경우에 십대 자녀들을 아이가 아니라 어른으로 대해야 한다. 청소년들은 또한 조건 없는 주의나 칭찬을 원한다. 당신이 원하는 것에 대한 미끼나 당신이 얼마나 훌륭한 부모인지에 대한 증거로서 칭찬하는 것을 원치 않는다.

코치 부모는 자녀를 진심으로 마음껏 인정해 준다. 인정한다는 것을 보여 줌으로써 존중과 경청과 이해를 강화시킬 수 있다. 내 고객인 바바라와 랜덜은 가장 단순한 인정이 십대 청소년으로 하여금 가족의 일원이며 궁극적으로는 사회의 일원임을 느끼게 하는 데 중요한 역할을 한다는 것을 발견했다.

바바라는 41세로 12살 된 딸 스테이시의 어머니다. 바바라는 어릴 때도 그랬지만 어른이 되어서도 부모님께 인정받지 못한다고 느꼈다. 그래서 부모님께 자식의 도리를 제대로 하지 못한 것 을 늘 후회하였다. 부모님이 세상을 떠난 후 바바라는 부모님의 친구들에게서, 부모님이 투병중인 자신들을 돌봐준 것에 대해 바바라에게 무척 고마워했다는 말을 전해 들었다. 바바라는 이렇게 회상한다.

"나는 이 말을 듣고 충격을 받았어요. 내 부모님은 한 번도 내게 직접 고맙다는 말을 한 적이 없었거든요. 나는 이런 부모님 때문에 내 딸에게는 그 애

가 내게 얼마나 소중한지, 그리고 그애의 좋은 성품에 대해 얼마나 고마워

하는지에 대해 말해 주기로 다짐했어요.”

이제 바바라는 고맙다는 말을 자기 친구들에게만 하지 않고 딸에게도 한다.

“내가 고맙다고 말하면 비록 그 일이 ‘오늘 저녁에 네가 설거지를 해줘서

고마워’와 같이 간단한 말이라 하더라도, 그 애는 환하게 미소지으며 진심

으로 내게 ‘고마워요’라고 대답해요. 그 아이는 내가 자기를 위해 한 일에

대해 감사한다고 말하기 시작했어요.”

50세 된 아버지 랜덜은 인정한다는 말이 십대 자녀에게 얼마나 큰 “영향”

을 미치며, 그것을 통해 자녀들의 행동이 얼마나 모범적으로 변하는지를

지켜보았다.

그는 15살 된 아들에게 고맙다는 말을 듣는 것이 얼마나 좋은지 물어보았

다. 랜덜은 이렇게 말했다.

“그 애는 마치 내가 달나라에서 온 사람이라도 되는 듯이 빤히 쳐다보더니,

내가 진지하게 묻는 것을 깨닫고는 이렇게 말하더군요. ‘제가 한 일에 대해

인정받고 싶어요. 그러나 제가 마치 어린아이인 것처럼 매번 잘했다고 과장되게 칭찬하는 것은 마음에 들지 않아요. 전 쓰레기를 치우는 것과 같이 하찮은 일이라도 고맙다고 말씀해 주시기를 바랄 뿐이에요. 하지만 과찬은 싫어요. 전 단지 인정받고 싶어요.'"

고마움 표현하기

이제 당신은 친구나 친척들에게 당신 자녀에 대해 칭찬하기를 중단하고, 그 말을 머릿속에 새겨두었다가 자녀들에게 직접 말하라. 고마움을 표현하는 것은 두 가지 의무를 행하는 것이다. 즉, 그것은 당신이 상대방을 존중하고 있다는 증거를 제공하는 것이고 또 정중한 예의를 입증하는 것이다. 당신이 얼음물을 가져다준 종업원에게 감사하는 것은 당연한 일이다. 우리는 낯선 사람을 대할 때 예를 갖추는 것처럼 사랑하는 사람들에게도 예의를 지켜야 한다는 것을 자주 잊어버린다.

자녀들의 수고를 당연하게 여기지 말라. 당신의 가정이나 당신 생활에 그 아이들이 공헌한 것을 인정하고 이런 공헌에 답례하라. 바바라가 자기 딸에게 했던 것처럼.

당신이 자녀들에게 고마움을 표현하는 방법과 고맙게 여기는 일이 무엇인지 적으라. 인정을 겉으로 표현하는 것을 당신이 갖고 싶은 하나의 물품으로 간주하고 당신이 그것을 어떻게 얻었는지, 그리고 누구에게서 얻었는지에 대해 확실하게 하라. 다음에 십대 자녀의 눈으로 그 모델을 바라보라. 그런 마음의 틀을 가지고 당신이 십대 자녀에게 고마움을 표현하는 방법의 목록을 작성하라. 달력처럼 그 목록을 가까이 두고 3주 동안 매일 한 번씩 그것을 바라보라. 그중에서 당신의 아들이나 딸에게 가장 효과적인 방법이 어떤 것인지를 평가해 보라.

고맙다는 말을 당신의 어휘에 통합시키라. 그리고 자녀들에게 직접적으로 이렇게 말하라. "난 네가 …한 것을 고맙게 생각해" 빈칸을 채우라. 이것은 평생 동안 계속해야 할 연습이 될 것이다.

당신의 인정은 어디서 온 것인가? 다른 사람들이 이 세상에 기여한 것에 대해 가치를 부여하는 것은 그들에 대한 당신의 개인적인 판단을 중단하는 것을 의미한다. 마음속으로 다음의 간단한 문구를 사용함으로써 당신의 생각을 훈련하라. 자녀들과 시간을 보낼 때마다 조용히 그 아이들에게 "넌 내게 소중해" 라고 말하라. 이런 기본적인 생각에 근거하여 사랑과 감사를 보내는 방법을 결정하라.

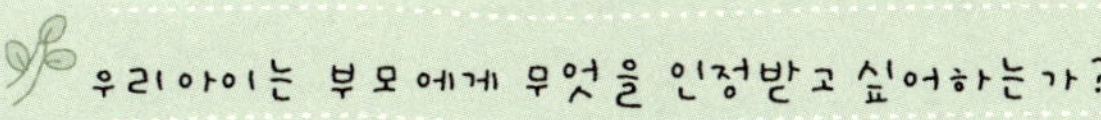 우리 아이는 부모에게 무엇을 인정받고 싶어하는가?

 나는 아이의 어떤 부분이 가장 고마운가?

지지하는 방법과 시기에 대해 배우기

지지(support)는 여러 가지 방법 – 정서적, 지적, 신체적, 재정적, 영적인 방법 – 으로 이루어진다. 십대들에게 필요한 지지의 유형과 수준은 시기에 따라 다르다. 아이들은 지금 당장은 우리의 정서적 지지를 받아들이고 인정하지만, 다음 날이 되면 우리와의 정서적 유대를 원치 않을 수도 있다. 그것은 이 시기가 십대 자녀들이 부모를 벗어나 스스로 무엇을 하려는 독립심이 발달하는 시기이기 때문이다.

지금은 내 생각만 내세울 때가 아니다. 코치 부모는 융통성이 있고 개방적이어야 한다. 또 자녀에게 다양한 종류의 지지를 하고 싶다가도 금방 그 욕구가 사라지는 것에 주의를 기울여야 한다. 이제 당신은 관리자로서 했던 기본적인 역할을 과거의 일로 회상해야만 한다.

부모로서 우리는 본능적으로 우리가 어릴 때 도움받은 것처럼 자녀들을 지지하려고 할 것이다. 우리 부모가 우리에게 용돈을 주었다면, 우리도 자녀에게 용돈을 준다. 우리 부모들이 우리에게 용돈을 벌기 위해 일할 것을 요구했다면, 우리도 자녀에게 똑같은 것을 요구한다. 부모에게서 정서적으로나 도덕적으로 적극적인 지지를 받은 사람은 자기 자녀에게도 똑같이 하는 경향이 있다. 그러나 어린 시절에 칭찬받지 못한 사람들 중에는 지나친 보상심리로 자녀들을 과도하게 칭찬하는 경우도 있다.

십대 자녀를 지지하는 시기는 격려의 방법과 마찬가지로 중요하다. 지지를 제공하는 방법과 시기에 관한 두 가지 전달 체계는 미래의 책임과 독립을 촉진하는 데 중요한 역할을 한다. 이 점은 다음 장에서 살펴볼 것이다. 훌륭한 코치는 기준을 정해 놓고 그 기준에 따라 살아야 한다는 것을 상기하라. 당신은 당신 자신의 한계를 앎으로써 그리고 그러한 지지가 이 세상에서 살아가는 자녀에게 도움이 될 것인지를 생각하면서 당신 자녀의 성장에 강조점을 두고, 너무 많이 주는 것과 너무 적게 주는 것 사이의 균형을 얻을 수 있다.

●

내 고객 중 두명은 십대 자녀의 변하는 상황에 맞추는 법을 배우고, 그들을 후원하는 새로운 방법을 찾아냈다.

베치는 벤이라는 이름의 손자를 두고 있다. 베치는 벤을 하루 종일 돌본다. 벤은 고등학교 1학년이 되자 성적이 떨어지기 시작했다. 베치는 무작정 숙제를 마치지 않은 것에 대해 벤을 꾸짖었고, 학교생활에 흥미를 붙이지 못하는 것에 대해서도 비난했다. 그러나 코치 부모 방식을 받아들이면서 베치는 손자를 위기에 처해 있는 한 개인으로 보기 시작했다.

114

벤의 성적이 점점 더 떨어지자 그 두 사람은 마침내 학교 상담선생님에게 상담을 요청했다. 상담선생님은 도움이 될 수 있는 몇 가지 방안들을 제시했다. 그중에서 벤은 다른 수업 방식을 사용하는 작은 학교로 옮기는 것이 마음에 들었다. 그래서 베치는 벤이 그 학교에 대해 조사한 다음 지원서를 작성하게 되면 재정적으로 돕기로 마음 먹었다.

벤 스스로 잘해보려고 애쓰며 할머니의 요구를 받아들이고 새로운 학교로 옮겼다. 그곳에서 벤의 성적은 급속도로 올랐다. 판단하지 않고 지지하는 일에만 초점을 맞췄을 뿐인데 베치는 손자의 학교생활을 도울 새로운 방법을 발견한 것이다.

로레타는 십대 자녀 두 명과 어린 자녀 두 명을 둔 가정주부다. 그녀의 큰아이인 존은 18세로 예능에 소질이 있었고, 고등학교 졸업 후 진로때문에 고심 중이었다. 그는 학교에 가지 않고 집에 있으면서, 하루 종일 일하고, 거의 매일 밤 친구들과 늦게까지 파티를 했다.

로레타와 남편은 이 기간 동안 아들을 어떤 식으로 지지할 것인지에 대해 결정할 수 없었다. 그들은 아들에게 뭔가 말하고 싶은 마음과, 아무 말도 하지 않고 가만히 있으면서 상황이 저절로 나아지기를 기다리는 마음 사이에서 갈팡질팡했다.

코칭 방법을 시도해 본 후, 로레타는 존에게 그의 인생에 있어서 중요한 이 시기에 어떻게 지지해 주기 원하는지 직접 물어보기로 했다. 로레타는 먼저 존에게 필요한 지지에 대해 허심탄회하게 얘기하기 시작했다. 그리고 존이 무슨 말을 하든지 판단하지 않고 듣겠다고 다짐했다. 로레타는 다섯 번이나 그 냉담함을 깨뜨리려 했고, 결국 존은 몇 년간 마음속에 품고 있던 생각들을 모두 쏟아내게 되었다.

존은 부모님이 자신이 무조건 대학에 가야된다고 부담을 주었기 때문에 아무 일도 할 수 없었다고 말했다. 이 대화는 그들이 그 후에도 계속해서 대화를 나눌 수 있는 장을 마련했다. 그들은 앞으로 일을 추진하기 위해 필요한 지지에 관해 계획을 세웠다. 그들은 가구점의 수공업 기술자 양성 프로그램이 존과 잘 맞는다고 생각하고 그것에 대해 토의했다. 존은 그 프로그램을 맘에 들어했고 전문적인 목수가 되기 위해 한 지방대학에 등록하기로 스스로 결정했다.

한 번의 대화가 그렇게 많은 길을 열어 놓은 것이다. 로레타와 남편은 장남

과의 관계를 회복하기 위해 관리자 부모의 역할을 버리고 코치 부모가 된 것이다.

지지한다는 것 보여 주기

한 사전은 지지하다(support)는 말을 "관심이나 동기를 조장하다"라고 정의 내린다. 이 말은 특히 성장기 청소년들에게 해당하는 말이다. 십대 자녀의 인생 경험에 추가하여 그 아이의 잠재력을 키워줄 수 있는 관심사를 지지함으로써, 아이의 미래에 관심이 있음을 보여 주라. 부모의 지지는 십대의 현재 욕구 – 한 인간으로 성숙하려는 욕구 – 에 따라 결정될 수밖에 없다. 과거에 가장 좋게 여겼던 것에 좌우되어서는 안 된다. 존중하는 마음에서 우러나온 지지는 아이들 개개인의 특성을 고려해야 한다. 인습이나 틀에 박힌 것은 안 된다. 십대 자녀들은 당연히 지지받는다고 느껴야 한다.

당신이 한 명 이상의 자녀를 두었다면 그들의 특성을 비교해 보라. 당신은 자신이 양육받은 방식이나 성에 대한 고정관념에 근거해서 그들을 지지하는 대신, 그들의 인격에 근거해서 그들을 지지하는가? 당신은 육체적, 정서적, 영적, 지적 그리고 재정적 후원을 제공하는가? 그리고 자녀들은 그것을 원하거나 필요로 하는가? 이 중에서 어떤 영역에 대해서는 전혀 지원하지 못하고 있지는 않은가?

다시 코치로서 융통성을 지녀야 한다는 점을 명심하라. 당신의 십대 자녀는 당신이 아니다. 당신의 아들이나 딸만이 지닌 특성을 평가하고 그것을 후원하기 위한 의미심장한 길을 찾는 것에 대해 생각하라. 당신이 수영 시합장에 나타난다는 것은 아들에게는 시합에서 패배한 자기를 돕는 것 이상의 의미를 지닐지 모른다. 또 스키캠프에 참가하도록 재정적으로 지지하는 것은, 당신의 딸에게 하고 싶은 것은 무엇이든지 하라고 말하는 것보다 더 구체적인 믿음의 표현이 될 것이다.

당신의 십대 자녀에게 어떤 종류의 지지가 얼마나 많이 필요하든지 간에 존경, 경청, 이해 그리고 인정 등과 같은 앞에서 언급한 기술들을 사용하여 십대 자녀를 지지하라.

당신이 십대 자녀에게 재정적, 정서적, 육체적, 지적 그리고 영적으로 하고 있는 지지는 무엇인지 목록을 작성해 보라. 당신이 십대 자녀에게 제대로 지지해 주지 못하는 부분은 무엇인지적어 보라. 그 다음에 당신이 자녀에게 지지를 더해 줄 수 있는 한 가지 길을 만들어내라. 이것이 일상적인 일이 되도록 훈련하라.

그러면 아이들을 보다 더 실질적으로 지지해 줄 수 있을 것이다. 아니면 이러한 영역들 중에 한 영역에서 지지를 안내해 줄 수 있는 전문가를 찾아서 십대 자녀와 연결해 주라.

십대 자녀와 정기적으로 소풍 가는 가풍을 만들라. 가능하면 다른 어른이나 형제자매 없이 단 둘이서만 가는 가풍말이다. 그것을 당신의 자녀가 기대하는 일상적인 일로 만들라. 주중 어느 날 저녁에는 함께 피자를 먹으러 나가라. 아니면 아이로 하여금 도심이나 해변 여행에 관한 일정을 짜게 하라.

이 시기에 함께하는 시간의 양은 정규적인 대화의 장을 마련하는 데 중요하다는 것을 명심하라. 당신이 해야 할 일은 그곳에 있으면서 아이와 함께 하는 것에 몰두하는 것이다. 휴대폰이나 스포츠 신문은 집에 두고 가라!

적용3 그것을 말하라

당신의 십대 자녀와 대화하는 중에 지지란 말을 삽입시켜, 당신이 그 아이를 위해 그곳에 있음을 보여 주라. 아이의 요구를 추측할 필요는 없다. 직접 물어보라. "넌 내(우리)가 널 어떻게 지지해주길 바라니?" 이 주제를 중심으로 대화의 끈을 열어 놓고 이제부터 당신은 아이와 말할 때마다 그렇게 말하라. 당신의 자녀가 필요한 것에 대해 말할 때 비난하거나 적대적인 태도를 취하지 말라. 당신은 그 아이가 말하는 것 때문에 놀랄지도 모른다. 그러니 잘 들으라.

나는 아이를 위해 어떤 지지를 해 줄 수 있을까?

우리 아이는 어떻게 지지받고 싶어하는가?

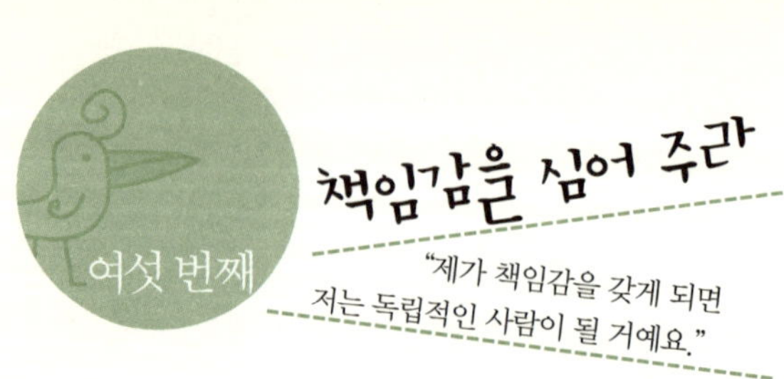

책임감 심어 주는 방법 배우기

당신은 부모로서 다음 둘 중에 하나를 선택해야 한다. 성장기 자녀들을 평생 동안 따라다니며 그들의 실수를 처리해 주거나, 아니면 자녀들이 스스로 처리하도록 방법을 제시해 주는 것이다. 코치 부모는 결국 자녀들이 스스로 자기 인생을 책임져야 한다는 사실을 받아들여야 한다.

당신이 존중하고 이해하는 마음으로 자녀들의 말에 귀를 기울였다면, 그리고 당신이 자녀들을 지지하고 인정한다는 것을 표시했다면 그들은 자신들에게 맡겨지는 책임을 받아들일 준비를 할 것이다. 또 당연히 그래야 한다!

책임이 있다는 것은 정의하면 '신뢰할 만하다'는 뜻이며, 이것은 신뢰를 주는 자와 받는 자 양측 모두에게 득이 된다. 코칭 관계의 다른 반쪽 – 받는 측 – 은 단지 지속적으로 받기만 하지 않는다. 코칭의 목적은 운동선수나 사업가나 십대들에게 더욱 본연의 모습을 찾도록 하는 것이다. 이것은 그들이 '준비되었을' 때 우리가 자동적으로 그들을 풀어 주는 것을 의미하지 않는다. 코치로서 우리는 안전한 계단이나 통로를 설계함으로써 그들이 이동하는 것을 도울 것이다.

당신이 이 일을 어떻게 해야 하는지는 주로 당신의 가족 생활방식과 당신의 자녀 양육 방식, 그리고 당신의 십대 자녀의 성숙 정도에 따라 달라질 것이다. 당신의 자녀가 책임감을 갖는 것은 개인적인 과제이며 융통성을 필요로 하는 것이다. 앞에서 언급한 양육 기술들을 탐구하는 것보다 이 부분에서 더 많은 어려움이 발생할 것을 미리 염두해 두라.

"넌 이거 할 수 있지?" "넌 이거 할 거지?" "잘 할 수 있지?" 하고 책임을 증진하는 것은 십대 자녀에게 도전을 제안하는 행동이다. 우리는 인생의 도전에서 실패하고 성공함으로써 우리의 한계와 잠재력을 발견하게 된다. 그리고 종종 성공하지 못한 시도는 다음번에 더 열심히 하려는 소망을 낳게 한다.

그러므로 작게 시작하고, 십대 자녀의 성과를 즉각적인 만족과 연결시키지 말라. 책임을 떠맡는 것이 더 장기적인 유익을 가져오는 것임을 명심하라. 사소한 일에 대한 부모와 십대 자녀 간의 갈등이 줄면, 운전이나 여행을 할 때 즐거움은 배가 된다. 책임을 맡는 것은 역할과 일과의 변화와 관련이 있고, 당신은 가족의 스케줄을 어떻게 조정해야 할 것인지에 대해 스스로 결정해야 할 것이다.

●

내 고객인 팀과 샘은 그 부분에서 성공을 거두었다.

팀은 재혼했고, 재혼한 부인에게는 제이멀과 베라라는 십대의 아이들이 있었다. 그의 아내(아이들의 친엄마)는 아침에 아이들이 일어날 시간에 늘 출근을 한다. 그래서 팀이 매일 아침 두 아이를 깨워 학교를 보내는데 그때마다 한바탕 전쟁을 치뤄야 한다. 두 자녀 중 아침형 인간이 아닌 자녀와 특히 그렇다.

아침에 일어나는 문제 때문에 몇 년간 싸우고 난 후, 팀은 두 아이에게 자명종 시계를 사주고 그들이 스스로 일어나게 해야겠다고 결심했다. 팀은 아이들이 일어나면 학교에 데려다 주기로 했다. 이것은 위험한 시도였다. 왜냐하면 그들은 일어나지 못할 것이며, 수업에 늦을 것은 뻔한 일이었기 때문이다. 팀은 이런 식으로 책임을 맡기기로 결심한 후에 아이들에게 자신의 계획을 알려 주고, 그들의 책임에 관해 협의하고 그 결과로 그들을 학교에 데려다 주겠다고 말했다.

얼마간 시행착오를 거친 후에 두 아이는 결국 스스로 일어나서 학교에 갈 준비를 할 수 있게 되었다. 그들은 아침에 일찍 일어나야 할 책임을 느끼기 시작했다. 여기서 중요한 것은 그들 자신이 스스로 책임을 느끼기 시작했다는 점이다. 팀은 아이들에게 어느 정도 책임을 지도록 함으로써 그들의 잠재력을 볼 수 있었고, 발전을 촉진할 수 있는 계기를 마련했다고 말했다. 팀은 아이들에게 다른 책임도 맡기기 시작했으며, 자기 관리를 잘하도록 아이들을 돕는 새로운 길을 발견할 수 있었다.

두 명의 십대 자녀 ─ 13세 된 케이틀린과 15세 된 멜라니 ─ 를 둔 이혼남 샘은 청소와 사소한 집안일 때문에 늘 골치가 아팠다. 샘은 세탁기에 빨랫감을 넣고 세탁한 후 세탁물을 꺼내는 일로 딸들과 몇 년 동안 싸우면서 다른 방법을 모색해야 겠다고 결심했다. 그는 먼저 세탁물에 관한 자기의 생각이 무엇인지를 자기 자신에게 인식시켰다. 샘은 자기의 생각이 전처의 생각과 다르다는 것을 알았다. 그의 딸들은 아버지와 시간을 보내지 않을 때는 엄마와 함께 살았다.

그는 자신의 생각을 명확히 규정한 후에 케이틀린과 멜라니에게 말해 주었다. 그들은 함께 모여 주중의 무슨 요일에 각자가(아빠도 포함해서) 세탁, 탈수, 빨래 개기 그리고 다림질에 이르기까지의 세탁물 관리를 맡을 것인지에 대한 계획을 세웠다. 샘은 딸들에게 분명한 어조로 책임을 부여했을 뿐만 아니라 가사에 대한 그들의 공헌을 높이 평가함으로써 책임의식도 부여해 주었다. 세탁물 관리는 더 이상 문제 되지 않았고 덕분에 딸들과 다른 방식으로 함께 시간을 보낼 수 있게 되었다.

책임 있는 행동 보여 주기

책임을 인정하는 것은 십대들에게는 큰 발전이다. 그렇다고 그 아이들에게 '퉁명스럽게' 그 일을 하라고 요구해서는 안 된다. 이것은 그들에게 확신과 끝까지 해낼 수 있는 능력을 부여해 주는 실제적이고 살아 있는 안내를 필요로 하는 영역이다. 우리 스스로 책임을 떠맡음으로써 아이들에게 이런 행동의 모범을 보여 주어야 한다.

당신은 십대 자녀에게 재정과 재산과 의무에 대해 책임을 떠맡는 모습을 보여 주라. 그리고 실수하는 경우에는 그 실수를 솔직히 인정하라. 다음과 같이 말하라.

"난 그 당시에 최선의 결정을 내렸다고 생각했다. 하지만 지금 보니 그것이 실수였던 것 같구나.”

그러면 당신의 십대 자녀는 책임에 당신과 솔직하게 대화할 수 있다고 느낄 것이다.

자녀에게 맡길 책임의 소재를 정할 때, 당신이 생각하는 바를 규정하고 그 다음에 당신이 십대 자녀에게 무엇을 요구할 것인지를 명확히 마음속으로 그려 보라. 아이들이 어떤 가능성을 열어 놓고서 당신의 요구를 충족시킬 수 있는지를 미리 예상해 보라. 반드시 ‘바른’ 길이 한 가지만 있는 것은 아니다. 끝으로 당신의 요구사항을 자녀에게 구체적으로 명시하라. 새롭게 책임감을 갖게 되는 자녀들은 두려움과 불안감에 휩싸이게 되는데 이럴 때 당신이 직접 본을 보여 주면 아이들은 자신감을 갖게 된다.

예를 들면, 당신이 자녀에게 매주 욕실 청소하는 일을 맡겼다면, 단순히 그 일을 시키거나 점검하겠다고 약속하는 것만으로는 충분하지 않다. 우리는 욕실을 어떻게 청소하는가? 당신이 그 일을 오랫동안 해 왔다면 당신은 이미 알 것이다. 목표 지점을 명확히 하라. 변기, 욕조, 세면기, 거울, 바닥. 변기와 욕조는 말하지 않더라도 청소해야 할 영역으로 간주하겠지만 바닥은 어떤가? 아마도 당신 자녀는 바닥 청소에 대해서는 생각하지 못할 수도 있다. 아이가 청소하는 모습을 잘 살펴보라. 그러고 나서 그에게 청소를 어떻게 했는지 보여 달라고 하라. 당신은 욕실이 깨끗하지 않다고 불평해서는 안 된다. 당신은 해야 할 일에 대해 자세히 말하고 설명해 주어야 한다. 그래야 변명하지 않고 책임지게 할 수 있다.

당신의 십대 자녀에게 이런 식으로 책임을 가르치라. 즉, 사소한 집안일부터 시작하라. 당신의 자녀에게 가계부 쓰는 방법이나 자동차 오일 교환하는 법을 보여 주라. 그러고 나서 아이에게 그 일을 하게 하라. 이런 식으로 시작하면 당신은 편안하게 일 처리하는 계기를 만들게 될 것이다. 이것은 누구나 좋아할 일이다. 그리고 당신은 십대 자녀들에게 사회에 적응하는 법을 보여 줌으로써 책임의식을 고취시킬 수 있다. 바꾸어 말하면, 당신은 십대 자녀에게 이렇게 말하고 있는 것이다. "이것은 우리 모두 해야 할 일이야. 문제는 어떻게 할 것인가 하는 것이지. 우리처럼 해라."

분명한 요구조건을 구상해서 십대 자녀에게 요구하는 연습을 하라. 그리고 약속을 통해 아이에게 책임을 물으라. 당신이 원하는 것이 무엇인지, 그리고 그 아이에게 어느 정도의 책임량을 부여하고 싶은지에 대해 아이가 알고 있을 것이라고 가정하지 말라. 분명하게 당신의 의사를 표시를 하고, 십대 자녀에게 당신의 요구사항을 충족시키기 위해 최선을 다해야 할 의무가 있음을 알려 주라.

이렇게 말해 보라. "난 네게 부탁할 일이 하나 있어. 이제부터 세탁실 전체가 아니라 빨랫감을 바구니에 넣는 일을 네가 맡아 할 수 있겠니? 이 일을 하겠다고 약속할 수 있지?" 하고 협상을 준비하라. 그리고 당신의 기대 수준이 어느 정도인지를 알게 하라. 말하려는 핵심이 무엇인지 알게 하라. 일의 진행에 대해서는 어느 정도 융통성을 발휘하라.

돈이 샘물처럼 끝없이 흘러 나온다고 생각하는 십대 청소년들도 있다. 지출에 대한 예산안을 만들라. 당신과 자녀의 지출에 관한 목록을 주간 단위나 월간 단위로 만들라. 아이에게 그런 비용이 매월의 예산안에서 나오는 것임을 보여 주라. 이것은 돈이 어디서 나오는지에 관한 비밀을 어느 정도 밝혀 줄 것이며, 적은 지출이 모여서 금방 큰 비용이 된다는 것을 알려 줄 것이다.

연간 수입과 지출에 관한 계정 차트를 만들라. 십대 자녀에게 그 계정의 일부를 관리하도록 요청하라. 그렇게 하고 난 후 우리가 옷을 사러 갈 때마다 아들은 내게 "엄마, 오늘 이거 살 돈이 있나요?" 하고 묻게 되었다.

적용3 그것을 말하라

당신의 십대 자녀에게 책임지울 일이 있을 때 그 아이와 이야기를 나누면서 책임이란 단어를 사용하도록 연습하라. 책임질 일을 요구하기 전에 당신의 언어를 검토하여 책임을 기대하고 있는지를 확인하라. 더 나아가서 십대 자녀와 약속할 때 책임이란 단어를 사용하라. "네가 자동차를 청소하겠다고 약속하지 않으면 주말에 차를 사용할 수 없어." 하고 말하지 말고 "이제부터 네가 금요일 밤에 차를 사용하는 대신에 자동차를 청소하는 책임을 맡으면 어떨까?" 하고 말하라.

우리아이는 어떤 부분이 무책임한가?

나는 우리아이에게 책임감을 얼만큼 부여하는가?

독립심을 길러 주라

"제가 독립적인 사람이 된다면
평생 동안 부모님을 존중하고 사랑할 거예요."

독립심 길러 주는 방법 배우기

독립심은 이 세상에서 자신감을 갖고 살게 한다. 웹스터가 '독립적인(independent)'이란 말에 "자기 지시적, 자기 관리적, 자기 통제적"이란 내용을 삽입한 것은 우연이 아니다. 십대 자녀의 자신감 혹은 자율성 증진은, 당신이 한 걸음 물러서서 자녀로 하여금 자기 방식대로 일을 처리하도록 할 때 이루어진다. 왜냐하면 지금 당신은 그런 방식이 얼마나 좋은지를 잘 알고 있기 때문이다! 당신의 십대 자녀들은 선택의 결과에 대해 염려하지 않아도 될 만큼 성숙했음을 보여 주었다. 당신은 이전의 모든 기술을 사용하여 십대 자녀에게 책임감을 갖도록 하였고, 이제 자녀의 독립심 첫행보를 볼 수 있게 되었다.

자녀가 당신에게서 독립하려는 것에 호응해 주는 일은 코치 부모가 하는 일 중에서 가장 용기 있고 가장 훌륭한 일이다. 그것은 당신의 십대 자녀가 당신이나 다른 사람들과 건강한 상호 의존 관계를 유지하면서 자립하도록 하는 일이다. '자기 지시적'이란 말은 자아도취적이란 의미가 아니다. 우리는 십대 자녀들에게 행동, 선택, 일의 견지에서 자신을 관리할 능력을 남겨 주어야 하며, 동시에 가족과 지역 사회와 더 큰 세계를 위해 자신을 희생하고 공헌할 수 있도록 해야 한다. 십대들이 갈망하는 독립은 어른인 당신에게서 분리하려는 요구일 뿐만 아니라 사회 내에서의 자기 결정과 자기 책임에 대한 요구이기도 하다. 이제 자녀들을 내보내는 것에 대한 당신의 복잡한 감정을 살펴보라. 때로는 자녀들이 당신의 어린아이인 것 같기도 하고, 또 때로는 자녀들이 당신에게서 독립하는 것이 너무 빠른 것처럼 여겨지기도 할 것이다. 당신과 자녀 사이에 이런 현실이 존재한다는 것을 인정하라. 그리고 십대 자녀들이 자립적이고 유능한 사람이 되고, 또 이런 방향으로 발전하기를 원하는 것은 당연한 일임을 인정하라. 코치 부모로서의 자세를 매일 견지해 나가라.

존중하는 마음으로 이야기하고, 이해하기 위해 듣고, 인정해 주고, 그들의 재능과 원하는 것을 지원해 주며, 책임감을 키워 주라.

●

내 고객 두 명은 코치 부모의 여러 가지 기술을 사용함으로써 십대 자녀들이 독립적으로 행동할 수 있게 되었다고 말한다.

소피는 이혼했고, 매우 영리하지만 '무계획적'인 14세 된 딸 앤지를 두고 있다. 소피의 전 남편은 앤지에게 법률사무소에서나 사용할 것 같은 공책 크기의 커다란 일일 계획장을 사주는 것으로 아이의 문제를 해결하기로 결심했다. 그는 아이에게 그것을 사용하는 법을 가르치려고 했으나, 아이는 하루 일정을 계획하고 시간 관리하는 일을 무척 힘들어했다.

'고통스럽게 몇 달을 지낸 후'에 소피가 말했다.

"나는 딸에게 일일 계획장 때문에 괴롭다는 것을 아빠에게 표현하라고 말했어요."

앤지는 자기가 아버지처럼 책임감 있는 사람이 되어야 한다는 사실에 스트레스를 과도하게 받고 복잡한 계획장 때문에 당혹스럽다고 말했다. 그녀의 전 남편과 그 문제를 놓고 상의한 끝에, 소피는 딸에게 작고 간단한 계획장을 사주었고 아이도 그것을 좋게 여겼다.

소피는 이렇게 말했다.

"아이의 아버지나 내가 아이의 일정을 관리하는 대신, 그 애가 작은 계획장을 들고 다니며 자신의 스케줄을 관리하고 있어요. 여기에 아이는 새로운 책임감을 느끼고 있어요. 그동안 그 아이는 계획성이 부족했어요."

소피는 앤지에게 책임을 받아들이는 올바른 도구를 제공함으로써, 앤지가 자신의 스케줄과 관련해서 더 독립적으로 생각하며 행동하도록 도왔다.

잭은 코치 부모 관계가 고등학교 고학년인 아들 로리에게 독립심을 키워 주는 이상적인 징검다리라고 생각한다.

"나는 내 아들에게 코치 부모로서 아이를 대하는 방법을 사용하면서, 내가 고등학교 시절 농구선수로 활약했던 것을 생각해 봤어요. 코치는 내가 언제 코트에서 뛰면 가장 실력 발휘를 할 수 있을지에 대해 생각하도록 나를 고무시켜 주었어요. 그는 시합에서 중요한 순간마다 내 판단에 따르라고 가르쳤죠."

로리는 대학에 관한 어려운 결정을 해야 했다. 그 애의 친구들은 지방 전문 대학에 갈 계획을 세웠으나, 로리는 멀리 떨어진 곳에 위치한 한 대학교에서 개설한 독특한 프로그램에 관심이 있었다. 잭은 아들에게 이 두 가지의 장단점을 고려해 보라고 가르쳤고, 결국 로리는 제3의 길을 택했다. 80km 정도 떨어져 있고 비슷한 프로그램을 제공하는 대학교에 가서 주말에는 친구들과 만나는 것이었다.

"나는 아들에게 스포츠에서뿐만 아니라 인생에서도 스스로 판단하도록 가르치는 코치가 되려고 애쓰고 있어요." 잭이 말했다. "나는 아들에게 현재 인생의 도전이라는 '코트'에서 뛰고 있으며, 내가 후원자요 안내자로서 경기장 옆에 있음을 상기시켜 주죠. 내가 그 애를 대신해서 결정을 내릴 수는 없지만, 난 늘 이곳에 있을 거예요. 난 그 애가 내가 코치로서 자신을 대해 준 것을 고마워하고 있다고 생각해요."

독립으로 가는 길 보여주기

당신이 십대 자녀에게 매여 그 아이를 대신해서 모든 일을 해주고 있다면 이제 적당히 자제하도록 하라. 당신의 사랑스런 어린 딸이 언젠가 독립해서 스스로 인생을 살아가야 한다는 사실을 인정하라. 아이로 하여금 자신의 인생을 준비하게 하라. 즉, 식료품을 사러 가게에 가고, 요리하고, 빨래하고, 재정을 관리하고, 지도를 보고, 대중교통을 이용하고, 올바른 판단력으로 독립적인 결정을 내리는 법 등을 배우게 하라.

그렇지 않고 독립이 자신이 원하는 대로 '제멋대로' 행하는 것을 의미한다고 생각하면 한계를 정하라. 비록 당신의 십대 자녀가 어른이 되어 가고 있다 할지라도, 그 애는 미래에도 여전히 재정적으로나 사회적으로나 일정관리 면에서나 어느 정도의 한계 범위 안에서 움직여야 할 것이다. 우리 중에 원하기만 하면 언제라도, 무슨 일이든 할 수 있는 사람은 없다.

자녀에게 휘발유 넣을 돈이 있다면 자동차를 운전해도 좋다고 약속하거나, 정해진 시간 안에 집에 돌아온다면 토요일에는 마음대로 시간을 사용해도 좋다고 약속하는 것과 같은 정해진 범위 안에서 자유를 누리게 한다면, 당신의 십대 자녀는 대학이나 직장에서 심지어 뒤뜰 야외 파티와 같은 비공식적, 사교적 상황에서 책임을 질 줄 아는 독립적 존재로 성장해 나갈 수 있다.

당신은 십대 자녀의 독립을 준비시키고 안내해야 할 뿐만 아니라, 아이가 계속 성장해 나간다는 사실도 인정해야 한다. 아이의 사생활을 존중하고, 필요하다면 아이에게 긴장을 풀 수 있는 시간을 제공하라. 더이상 당신의 스케줄에 맞춰 자녀들에게 공부와 일을 시키거나 과외활동을 시키지 말라! 아이가 가정과 학교의 규율을 지키고 어른이 다 되었음을 기억하게 하라. 대부분의 십대 청소년들은 조금만 코치해 줘도 어느 정도 독립된 인격체가 되지만, 여전히 가족 구성원들 그리고 주변의 지역 사회 주민들과 유대 관계를 유지할 수 있음을 깨닫게 된다.

당신의 십대 자녀가 물질이나 감정에 책임의식과 주인의식을 갖게 될 때 비로소 독립할 수 있다. 책임을 독립적인 행동으로 바꿀 기회를 잘 살펴보라. 예를 들면, 당신 아들이 외모에 관심이 아주 많다. 그 아이는 헤어젤을 사용할 뿐만 아니라 옷을 선택하고 셔츠를 다림질하며 구두를 닦는다. 그는 예산 범위 안에서 쇼핑할 수 있음을 알고 있다. 이제 그 아이에게 빨래하라고 지시하지 말고 양말과 속옷을 포함하여 모든 의복을 사는 책임을 맡기라. 그리고 그 아이의 외모에 대해 찬사를 아끼지 말고 그 아이로 하여금 자기가 잘하고 있음을 알려 주라.

십대 자녀들이 편하게 쉬면서 긴장 풀 시간을 주라. 그럴 때 아이가 우울해서 그런다든지 시무룩해졌다고 생각하지 말라. 조용히 인정하라. 기다리라. 지금은 십대 자녀가 내적으로 성장하는 시간이다. 그러니 당신은 그것을 거부하지 말고 고무시켜야 한다.

당신의 십대 자녀가 학교에서 돌아오면 '편안하고 행복한 시간'을 주라. 그 아이가 저녁 식사, 사소한 일, 숙제 혹은 저녁 활동을 하기 전에 긴장을 풀어 줌으로써 학교와 집에서 받을 스트레스를 제거해 주라. 간식을 챙겨주고 아이가 간식을 혼자 먹든지 아니면 친구들과 함께 먹든지 결정하게 하라. 비록 10분이나 15분 만이라도 타임아웃을 허락한다면 당신의 자녀는 잠시라도 혼자 있고 싶은 자신의 마음을 당신이 존중해 준다는 것을 알게 될 것이다.

적용3 선택

자녀가 스스로 결정을 내리도록 할 때 "넌 무엇을 선택할 거지?"라든가 "너의 선택은 무엇이니?"라는 말을 사용하라. 잔디 깎기를 예로 들어 보자. 당신이 자녀에게 잔디를 깎으라고 잔소리하는 대신 아이가 책임 있는 선택을 하기 바란다면, 아이에게 약속한 내용을 부드러운 말로 상기시키고 그 일을 하는 방법을 결정하게 하라. 즉, "잔디 깎는 일은 네 책임이니까 오늘 잔디를 깎을래 아니면 내일 깎을래? 어느 쪽을 선택할래?" 아이가 선택하도록 기다리라. 아이에게 당신의 대답을 강요하지 말라.

십대 초반에 이 훈련을 시작하라. 잠시 후 당신의 자녀는 스스로 "난 …을 선택할래요."라거나 "내가 선택한 것은 …예요." 하고 말하기 시작할 것이다. 코치 부모가 청소년들에게 가장 지속적으로 줄 수 있는 선물 중의 하나는, 사소한 일에 대해 스스로 결정을 내리도록 격려하는 것이다. 이런 격려는 당신이 곁에 없을 때 아이들이 큰 일에 대해 판단을 내릴 수 있도록 준비시켜 준다.

우리아이는 독립할 준비가 되어 있는가?

나는 우리아이에게 어떻게 독립심을 길러 주고 있는가?

부모들이 궁금해하는 코칭에 관한 질문들

저는 막 십대에 접어든 9살과 11살 된 아이들을 키우고 있어요.
지금 코치 부모 기술을 가지고 할 수 있는 것은 무엇인가요?

A

지금 존중과 이해의 기초석을 놓기 시작하세요. 조금씩 연습해서 점차 코치의 역할로 옮겨 가세요. 비록 당신은 지금 '관리자 부모' 역할에 머물러 있지만, 코칭 기술을 배우고 사용하면 자녀들이 장차 맞이하게 될 변화에 적응할 수 있을 거예요.

지금은 또한 다른 부모들과 함께 후원 그룹을 시작하기에 좋은 때이기도 하죠. 다른 사람들이 당신과 관심사가 같다는 것을 알게 되면, 당신은 거기서 위로를 얻고 다른 부모들과 유대감을 느끼게 될 거예요. 이 책을 사용해서 십대 초반의 자녀를 둔 다른 부모들과 함께, 코칭 역할이 사춘기 자녀들에게 적응하도록 부모들을 도울 수 있는 방법에 관해 토의해 보세요.

저는 아이들 때문에 지쳤습니다. 그 애들을 대할 때면 당혹스럽기 짝이 없고 그래서 낙심이 되고 미칠 것 같아요. 그것이 저 때문인가요, 아니면 우리 아이들이 십대이기 때문인가요? 행복하고 따뜻하다는 느낌, 사랑은 모두 어디로 갔나요?

십대 자녀를 양육하는 것은 당신 자신을 다스리는 데서 시작돼요. 당신 자신의 특성을 존중하세요. 아이들의 '특성'에서 당신 자신의 '특성'을 분리하는 법을 배우세요. 당신이 지치고 괴롭다면 먼저 이런 문제를 살펴보세요. 당신의 삶이 소음으로 가득차 있다면 당신 자신의 내면의 소리나 당신이 사랑하는 사람들의 소리를 어떻게 들을 수 있나요? 이제 조용히 앉아 긴장을 풀고 당신이 부모로서 해야 할 일 이전에 당신이 누군지 살펴보세요. 당신의 침대 곁에 '나는 오늘 나 자신을 다스릴 것이다!'는 내용이 적힌 메모지를 붙여두세요. 당신이 아침에 일어나서 맨 처음 발견할 수 있는 곳에 그것을 두라는 말입니다. 그렇게 말하고 실제로 그렇게 하세요. 당신이 그날 바람직한 부모가 되기 위해 용기와 힘과 인내심을 가질 수 있도록 활기를 불어넣어 줄 한 가지 일을 하세요. 일주일 동안 이 일을 시도해 보세요. 그러면 이런 훈련이 당신의 일상생활에 얼마나 활기를 주게 되는지 깨닫게 될 거예요.

성공과 실패는 목표와 성취에 대해 사용되어야 하는 단어이지, 코치 부모가 한 개인의 내면생활이나 그가 이 세상에 존재하는 방식을 판단하기 위해 사용하는 것은 아니에요. 아들이 성공하기 바라는 마음을 당신이 보여 주는 깊은 사랑이나 존경과 혼동하지 마세요. 성공과 실패는 한 인간이 사랑과 존경을 받는 데 필요한 진정한 척도가 아니에요.

당신의 아들이 당신의 기대에 미치지 못할지도 모른다는 것과, 그 아이가 당신이 생각하는 것보다 훨씬 더 성공적인 삶을 살지도 모른다는 사실을 인정하세요. 당신이 할 수 있는 일은 아이가 자기 스스로 일을 할 수 있도록 돕는 거예요. 아이에게 현재 모습 그대로 사랑하고 존중한다고 말하고, 비록 그의 결정들이 당신의 가치와 다르다 할지라도 그 결정을 지지하겠다고 약속하세요.

당신이 아이의 독립적이고 창조적인 마음을 길러 준다면, 아이는 당신이 지금 그 아이를 위해 품는 비전보다 훨씬 더 높은 곳에 도달하게 될 거예요.

제 십대 아들은 자존감이 낮아요. 좋은 방안이 없을까요?

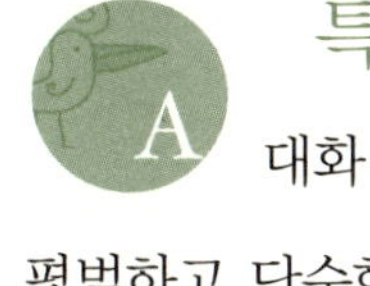

특정한 행동이나 성취와 연결시키지 말고 일상적인 대화 속에서 그 아이를 존중한다고 직접 말하세요. 당신이 평범하고 단순한 한 인간으로서 아이를 존중한다는 것을 알게 하세요. 이런 기본적인 것을 확실하게 해 두면 아이의 자존감은 높아질 거예요.

아이가 관심을 갖는 것에 몰두하도록 도와 주고 성공할 수 있는 기회를 만들어 주세요. 예를 들면, 자신의 방을 다시 꾸미고 페인트 칠하는 법을 보여 준 다음 아이에게 그 일을 마무리 짓도록 부탁하거나, 저녁 식사 때 피아노를 연주하도록 부탁하는 거 말이에요.

아이가 자신의 재능을 발휘하고 새로운 재능을 발견할 수 있도록 해 주세요. 자신에게 능력이 있고 또 책임질 수 있다고 생각한다면 아이의 자존감은 높아질 거예요.

Q 전 양아버지예요. 십 대 자녀 두 명을 둔 여자와 재혼했어요. 그런데 저는 그 아이들에게서 존경받지 못하는 것 같아요. 아이들의 존경을 받기 위해 제가 어떻게 해야 하나요?

A 이야기를 돌려서, 당신이 먼저 그 아이들을 존중할 수 있는 방법에 대해 생각해 보세요. 아이들은 부모의 이혼이라는 아픔을 겪었고, 이 시기에 자신이 누구인지 뿐만 아니라 당신이 자신들에게 어떤 존재인지에 대해서도 생각하고 있어요. 당신이 아이들의 존경을 받을 만하다는 생각을 멈추고, 또 그들이 당신을 존경

하도록 요구하는 것도 그만두세요.

대신 본을 보여서 가르치세요. 편하게 마음먹고 작은 것부터 시작하세요. 매일 한 번씩 본을 보이세요. 그리고 당신이 얼마나 그들을 존중하고 고맙게 생각하는지를 그 아이들에게 알리는 방법에 초점을 맞추세요. 그들을 있는 그대로 존중하는 방법을 찾으세요. 아이들의 어머니에 대한 당신의 깊은 사랑과 존경을 보여 주고, 가족에 대한 당신의 헌신을 보여 주는 방식으로 당신 자신을 희생하세요. 그러면 아이들은 당신을 주목하게 될 거예요.

제 딸은 3,200km 떨어진 곳에서 엄마와 살고 있어요. 전화로만 제 딸과 이야기를 나누고 1년에 한 번밖에 만나지 못해요. 코치 부모 역할이 전화로도 가능할까요?

물론이죠. 코치 부모 역할은 전화상으로도 얼마든지 가능해요. 십대 자녀들은 민감하기 때문에 당신의 말속에 당신이 의도하는 바를 들을 수 있어요. 당신이 전화로 대화할 때 자녀에게 초점을 맞추고, 서로의 대화에 단지 반응하기 위해서가 아니라 이해하려는 마음으로 들으세요.

　당신이 딸에게 얼마나 자주 전화하는지, 그리고 왜 전화하는지에 대해 생각해 보세요. 당신은 '큰 일'을 상의할 때만 전화하나요? 그것은 아이의 기대를 떨어뜨릴 수 있어요. 당신이 일상적인 대화를 나누고 듣는다면 더 큰 문제에 대해서도 대화하기 쉬울 거예요. 그리고 당신의 자녀가 전화하지 않는다고 낙심하거나 화내지 마세요. 마음을 편히 갖고 당신이 먼저 전화할 책임을 떠맡으세요. 당신이 딸아이에 대한 깊은 사랑을 말로 표현하기가 두렵더라도 용기를 내서 당신 자신을 위해 그렇게 말하고 진실을 말하세요.

제게는 십대가 된 두 딸이 있어요. 한 명은 전체 점수 A를 받는 모범생인데 다른 아이는 ADD(주의력 결핍 장애)를 앓고 있고 학교에서나 가정에서나 어디서든지 말썽을 부리죠. 전 이렇게 전혀 다른 두 아이를 양육하기가 너무 힘들어요. 코치 부모가 되면 좋은 방안이 나올까요?

자녀 양육에 대해 정답이 있다는 생각을 버리세요. 당신의 두 자녀를 각각 다른 인격체로 보고 분명한 기대를 만드세요. 가정의 규율에서처럼 두 아이를 위해 어떤 지침을 마련해야 할 것인지, 각자에게 어떤 가사 일을 맡기고 예외를 규정할 것인지에 대해 배우세요. 아이들 각자의 상황에 대한 그들 자신의 계획을 물어보고 각자의 독특한 생각을 인정할 준비를 하세요.

그러고 나서 그들 각자를 따로따로 칭찬하거나 인정함으로써 이 독특성에 대한 당신의 존경을 보여 주세요. 그러다 보면 당신은 한 아이를 다른 아이와 비교하는 잘못을 범하지 않고, 그 아이들의 독특한 재능을 보게 될 거예요.

말썽장이 아이를 당신 가족에게 주어진 보물로 간주하는 법을 배우세요. 그 아이가 당신 자신이 볼 수 없을지도 모를 인생의 일들에 대해 당신에게 가르쳐 줄 수도 있어요.

아들이 마음 문을 열도록 강요하지 말고 스스로 마음 문을 열 때까지 기다리세요. 당신의 듣기와 말하기 기술을 점검해 보세요. 너무 강압적이지 않나요? 아이가 당신이 자기 삶을 간섭한다고 생각하지 않나요? 이제 아이 자체를 이해하려고 해 보세요. 아이가 관계나 성적에 대해 불안해하거나 근심하고 있지는 않나요? 그 아이는 본래 수줍어하는 아이인가요? 아이가 어떤 식으로든 상처받지는 않나요?

당신과 계속 함께 있는 것이 어떤 것인지 실제적이고 자연스러운 방식으로 아이가 알게 하세요. 그리고 당신의 내면적인 싸움과 도전에

154

대해 말해 주세요. 그 아이가 자기만 문제있는 사람이라고 생각하지 않도록 도와주세요. 아이가 말하고 싶어하지 않으면 그냥 그 기분을 인정하고 아이에게 얼마간 '생각할 시간'을 주세요. 비록 그것이 '답답한 시간'처럼 보일지라도, 아이는 그 시간을 통해 스트레스를 해소하고 자신안에 있는 잠재력을 발견할 거에요.

Q 15살 된 제 딸은 작년에 너무 변해버렸어요. 그 아이는 침울하고 냉소적이고 지금은 나쁜 친구들과 어울려 다녀요. 코치 부모 접근방법이 제게 얼마나 도움이 될까요?

A 이런 급격한 변화에서 한발 물러서서 먼저 당신 자신에게 집중하세요. 먼저 당신의 딸을 포함하여 모든 사람이 본래 친절하고 부드럽고 선하다는 믿음과, 그들이 일상적인 삶 속에서 이런 상태로 돌아오고자 한다는 믿음을 간직하세요. '나쁜 친구들'과 어울리는 것은 당신의 딸이 소속할 곳을 찾고 삶의 목적의식을 찾는 나름대로의 방식이에요.

비록 아이가 지금은 그런 사실을 알지 못한다 하더라도 말이에요. 당신이 아이와 이야기할 준비가 되면 아이의 일시적인 행동을 모른 척하고 아이의 현재 모습 그대로 적극적으로 존중해 주세요. 아이에게 존중한다고 말하세요.

아이의 있는 그대로의 모습과 아이가 행하는 행동에 대한 당신의 감정을 계속해서 분리시킴으로써, 그 아이가 자신의 참된 본질을 찾도록 격려하세요. 그리고 당신이 이 둘을 별개로 본다는 것을 알게 하세요. 전문적인 도움이 필요하다면 상담사나 심리치료사나 훈련받은 코치에게 도움을 요청하세요. 당신은 먼저 고등학교 상담선생님과 어떤 해결방안에 대해 상담하고 싶을 수도 있겠죠.

제 아들은 말대꾸를 해요. 그래서 저도 아들을 윽박지르죠. 우리가 하는 일이라고는 서로 싸우고 소리 지르는 일밖에 없는 것 같아요. 제가 어떻게 해야 하나요?

'적대적인' 모드를 제거하고 '코치 부모' 모드로 전환하세요. 아들이 말할 때 혹은 소리 지를 때 당신은 싸울 태세를 갖추고 보복할 준비를 하나요? 그런 자세를 멈추세요. 여기서 적절한 반응은 한발 뒤로 물러서서 경청하는 거예요. 당신이 그 순간 화가 치밀어 오른다면 잠시 멈추고 심호흡을 하면서 마음을 가라앉히세요. 마음을 가라앉히고 실제로 당신 자녀에게 일어나고 있는 일에 대해 어느 정도 희망을 얻으려고 시도해 보세요.

당신의 임무는 당신의 아들을 다른 사람으로 만드는 게 아니에요. 여기서 핵심은 코치로서 당신이 행동의 모범을 보여야 한다는 것을 상기하는 거예요. 당신이 아이를 윽박지르는 이유를 생각해 보세요. 결국 당신의 아들은 당신에게서 싸우는 법을 배웠을 거예요. 분노 조절 훈련을 받는 것에 대해 고려해 보세요. 지역의 심리치료사에게 소개해 달라고 부탁하세요. 당신 자신의 행동에 초점을 맞춘 다음 그런 행동

을 제거하고, 십대 자녀를 중심 무대에 놓고 훌륭한 경청자의 모범을
보이세요.

물론입니다. 당신은 혼자 코치 부모 역할을 담당할
수 있어요. 모범을 보이세요. 먼저 당신의 배우자에게 7가
지 방법 중에서 몇 가지 아이디어, 즉 '이해하기 위해 경청하기'와 같
은 아이디어를 이 책에 들어 있는 몇 가지 적용을 시도하는 방식으로
사용해 보세요. 당신의 배우자가 상황의 변화를 눈치 채게 되면 이 책
덕분임을 밝히세요.

　그리고 다른 가족들이 없는 곳에서 십대 자녀와 일대일의 관계를 맺
어 보세요. 그러면 당신 자녀는 당신이 판단하지 않고 주의 깊게 자기
말을 들어 준다는 것을 알게 될 거예요.

158

우리는 먼저 우리 자신을 이해하는 법을 배움으로써 코치 부모가 된다는 것을 명심하세요. 당신의 동기와 당신이 사람들과 관계하는 방식을 살펴보세요. 그러고 나서 십대 자녀와 더 솔직하고 더 나은 관계를 만들기 위해 노력하세요. 당신이 관찰한 내용을 매일 일지에 쓰세요.

전 훌륭한 부모이고 지금까지 자녀들의 삶에 함께 했어요. 당신은 아이들의 실수에 대해 저를 비난하나요? 전 이미 제 자신을 비난하고 있어요. 전 최선을 다했는데 그 아이들은 아직도 실수 투성이에요.

비난하지 마세요. 이 책은 당신에게 뒤를 돌아보지 말고 앞만 바라볼 것을 요청하고 있어요. 이 책에 들어 있는 몇 가지 제안을 시도하여 당신의 관계를 갱신하거나 다시 세우도록 하세요. 당신 마음속을 들여다보고 당신 자신과 자녀들에 대해 생각하는 새로운 방식을 상상해 보세요. 새로운 가능성을 시도할 때 '실수투성이'라는 생각을 접고 이해할 수 있는지 살펴보세요.

십대 청소년들은 누구나 지지와 관대함을 필요로 해요. 실수한 아이들도 말이에요. 죄책감을 느끼거나 다른 사람들에게 책임을 돌리는 것은 누구에게든지 바람직하지 않죠. 자녀 양육에 대한 당신의 책임을 점검해 보고 그것을 코치 부모 방식에 맞게 조절해 보세요. 사랑은 마술이에요. 사랑은 당신이 비난의 개념을 넘어서도록 도와줄 거예요.

당신은 무슨 일을 하든지 항복하고 물러서지 마세요. 학습장애나 발달장애는 부모, 전문가, 학교, 친구 그리고 가족 구성원들의 특별한 주의를 요해요.

당신의 십대 자녀가 의사에게 장애아 판정을 받았다면, 그것이 신체적인 것이든, 정신적인 것이든, 정서적인 것이든, 적절한 치료법을 추천해 줄 수 있는 전문가와 상담하세요. 책을 읽고 웹사이트를 점검하고 학습장애 부모 동호회에도 가입하세요. 더 많이 배우고 또 계속해서 배우세요.

코치 부모로서 당신은 십대 자녀가 당신의 존중과 이해를 그 어느 때보다도 더 많이 필요로 한다는 것을 깨달아야 해요. 당신이 아이를 칭찬하고 인정할 수 있는 방법에 초점을 맞추세요. 아이 때문에 화가 치밀어 오를 때는 아이의 장점을 생각해 보세요. 아이에게 존중한다고 말하고 아이가 얼마나 힘든 인생을 살고 있는지 이해한다는 것을 말해주세요.

약물중독, 폭력, 패거리, 십대 섹스, 에이즈, 가출, 그리고 오늘날 십대 청소년들이 저지르기 쉬운 이 세상의 다른 모든 '나쁜' 짓들은 어떻게 하나요? 이런 것들에 대해서는 왜 언급하지 않지요?

전 이 세상이 청소년들을 문제와 싸움과 억압과 절망으로 몰아간다는 것을 인정해요. 이 책은, 현대 사회에서 일어

나는 싸움이 어른들과 청소년들 사이에 서로 존중하고 이해하는 관계를 받아들임으로써 어느 정도 감소될 수 있다는 입장에서, 이런 염려에 대한 개별적인 반응을 제공해 주죠. 코치 부모 접근 방법에는 한 어른과 한 십대 청소년 사이의 단일한 관계도 포함되요. 그런 접근방식에 영향을 받은 십대 청소년은 다른 젊은이의 삶과 지역 사회 그리고 인류 사회 전체에 다른 세계를 만들어낼 수 있어요.

당신이 언급하는 심각한 문제들을 다루는 지역 사회 청소년 프로그램은 많이 있어요. 필요하다면 그런 방법을 강구하고 그들과 연결하여 참여해 보세요. 동시에 당신 자신의 영향력을 부인하지 마세요. 본서에서 불러일으킨 도전은 십대의 문제에 관해 당신은 무엇을 할 것인가 하는 것이에요. 당신은 어떤 부모나 어떤 어른이 되고 싶으세요? 헐뜯고 싶으세요, 아니면 세우고 싶으세요? 바로 당신 자신의 집에서, 당신 자신의 가정에서 '지원자'의 역할을 담당하세요. 한 사람이 차이를 만들어낼 수 있어요.

실제로 막다른 골목에 몰려 있는 아이들, 패거리 집단, 가출한 아이들, 폭력적인 실태들에 대해서는 어떤가요? 이 책이 이런 청소년들도 도울 수 있을까요?

이 책은 위기에 개입하도록 의도된 것이 아니라 오히려 새로운 기초를 놓기 위한 도구상자로 의도된 거예요. 본서에 들어 있는 아이디어들은 어떤 상황에도 적용할 수 있어요. 아이가 어떤 곤경에 처해 있든지 간에, 모든 십대 청소년들에게는 공감과 이해가 필요해요. 비록 부모가 고통당하는 십대(가족 상황이 문제의 근원이 될 수도 있음)들을 어떻게 할 수 없다고 생각하더도 어른이라면 누구든지 코치 부모 접근방법을 사용할 수 있어요. 청소년 상담자, 교회 상담자 혹은 스포츠 프로그램 상담자나 단지 십대를 친구나 스승으로서 도울 위치에 있는 어른 친지들은 큰 영향력을 줄 수 있어요.

당신이 부모든, 친지든, 친구든 간에 먼저 문제의 십대 자녀 그리고 모든 십대 청소년들에 대한 당신의 판단을 중지하고 당신의 특별한 어려움을 제거하세요. 그러고 나서 "당신의 십대 자녀를 코치하는 일곱 가지 방법"을 다시 살펴보고 그 공백에 다리를 놓도록 도와줄 한 가지 간단한 방법이나 한 부분을 연습해 보세요. 당신이 먼저 치유의 과정을 시작하세요.

존중하는 것부터 시작하세요. 모든 것은 당신 자신과 다른 사람들에 대한 존중의 깃발 아래로 떨어지게 돼요. 당신이 낯선 사람, 심지어 다루기 힘든 사람 – 불행한 고객이나 불청객 – 까지도 다루어야 한다는 것을 염두에 두세요. 그러고 나서 당신이 십대 자녀를 어떻게 대할 것인지 생각하세요. 당신은 당신이 알지 못하는 사람을 대하는 것처럼 정중하고 존중하는 마음으로 아이를 대할 수 있겠죠?

존중을 표현함으로써 십대들을 코치하는 첫 번째 방법을 살펴보세요. 잘할 수 있다고 생각되는 한 가지 적용 훈련을 찾아내어 천천히 시작하세요. 냉장고나 컴퓨터에 '존중하라'는 말이 적힌 메모지를 붙여 놓으세요. 그러면 날마다 당신이 무엇에 초점을 맞추고 있는지를 상기할 수 있을 거예요. 그러고 나서 한 번에 하나씩 일곱 가지 방법을 사용하세요. 그리고 당신 자신과 당신의 자녀에게 짜증내지 말고 견디세요.

부모 코칭

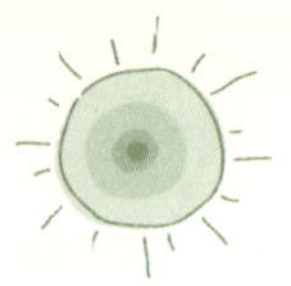

당신은 부모자격증이 있습니까?
어떻게 부모가 되었으며 부모로서 어떤 역할을 하고 계십니까?

사회가 요구하는 여러 종류의 자격증이 있지만 자녀의 미래를 결정하는 부모는 아무런 자격증이 없습니다. 이 세상의 모든 부모는 자녀가 잘 되기를 바라지만 부모의 그 순수한 의도가 자녀에게 얼마나 잘 전달되어지고 그 의도대로 자녀들이 자라고 있을까요?

부모가 자녀를 사랑한다고는 하지만 부모가 주는 사랑의 방식과 자녀가 사랑을 받기 원하는 방식이 달라서 때로는 갈등과 아픔을 가져오기도 합니다.

과정목표

탁월한 부모가 자녀를 행복하고 성공적인 인생으로 이끌어 줍니다. 훌륭한 부모란 '자녀의 잠재력, 열정, 가능성 등을 발견하고 그것이 극대화 되도록 돕는 것'이라고 할 수 있습니다. 부모 코칭은 자녀가 가장 성공적인 인생을 살아가도록 돕는 탁월한 부모가 되도록 준비시켜 드립니다. 이 과정은 단순히 자녀만을 위한 것이 아니라 부모 자신의 변화와 성장, 관계의 회복을 가져다 주고, 부모 자신과 자녀가 미래의 꿈을 향해 함께 나아가도록 열정을 줍니다.

과정특징

이 과정은 세계적인 부모 및 자녀 코칭 전문가들의 실제 경험과 임상을 통해 개발한 실제적인 부모코칭입니다. 이 과정을 통해 부모는 자녀의 기질과 재능과 적성을 파악하는 능력을 키우고, 듣기와 질문기법으로 자녀 스스로 열정을 가지고 행동하며, 자신의 행동에 책임지는 자립형 인재로 자라도록 합니다. 부모나 선생이 가장 짧은 시간에 자녀와 학생들의 잠재력을 끌어내어 문제를 스스로 해결하게 하며, 감성적으로 탁월한 관계를 맺는 능력을 갖추고 성공적인 인생을 살도록 코칭합니다.

참가안내

참가대상 : 부모, 교사, 전문 코치가 되기 원하는 분 등

수업방법 : 워크숍

문　　의 : (주)아시아코치센터 02-566-7752 / 홈페이지 www. Asiacoach.co.kr

	ACC 부모 코칭 주제	내　용
1	자신을 알기	자신을 깊이 성찰한 다음 자신이 자녀에게 어떻게 비춰지는지를 생각해 보고 그것에 맞게 성실하게 살아가기
2	균형 잡힌 자기 계발하기	부모로서의 역할을 지지하기 위한 개인적, 전문적 성장 플랜을 만들어내는 방법 습득
3	자녀를 지지하기	자녀가 자신의 잠재력을 바르게 깨닫고 이해하면서 자라도록 고무하는 방법 습득
4	현재에 살기	현재의 완전함을 인식하고 현재를 즐기며 사는 방법 습득
5	말한 대로 정직하게 행하기	자녀들에게 옳고 그름을 구별하는 법을 알려주기 위해 말한 대로 행동하는 방법 습득
6	삶의 기술을 가르치기	자녀가 독립할 무렵에 자녀에게 물려주기 원하는 중요한 삶의 기술 가르치기
7	건강한 가정 환경 제공하기	교육적인 가정 환경을 제공하기 위한 핵심 원리와 전략들 습득
8	가정의 의식과 전통 만들기	평생 동안 소중히 간직하고 기념할 만한 가정의 전통과 의례를 만드는 방법 습득
9	효과적인 훈육 기술 배우기	사랑의 메시지를 전달하면서 질 높은 삶을 살아가도록 훈육하는 기술
10	자녀에게 책임지는 법 가르치기	실패의 대가가 아직 크지 않을 때 실생활에서 책임지는 방법을 어떻게 가르칠 것인지 습득
11	사랑의 커뮤니케이션하기	자녀들이 '전달받고' 이해할 수 있도록 사랑의 메시지를 전달하는 방법 습득
12	자녀를 온전히 알기	자녀의 장점, 관심사, 개성, 그리고 다른 사람들과의 관계를 평가하는 방법 습득
13	자발성과 독창성 키우기	자발성과 독창성을 소중히 여기는 개방적인 환경을 조성하는 방법 습득
14	세계 수준의 리더십 훈련하기	차세대 지도력을 가진 리더를 만들어 내는 12가지 환경 만들기
총		ACC 부모 코칭 과정 수료